U0069318

PARIS

換個角度看巴黎

文／姚筱涵・攝影／王怡婷

樂果文化

原書名：拐哪個巷。巴黎

CONTENTS 目錄

拐哪個巷。巴黎

我的妳們，妳們的法國

如果要我選我目前人生中最幸運的一年，我會選2002年。這一年我胡亂申請到了一雙一輔一學程，在金旋獎拿了四個冠軍，寫出蘇打綠第一、二張單曲的歌，談了一次重要的戀愛，還有，認識了小苗和小渥。

小苗是透明隧道，而小渥是一條茉莉巷，她們都是我通往感動的路。我們的熟悉跟相處時間沒關係，是靠默契，靠溫柔；換句話說，靠命運。

那年，我跟小渥耗了一整個夏天避暑，我們賴在局促裡、鋼琴上、還有哭泣的肩膀，然後在寒冬向小苗取暖，隔年一起做了一趟旅行，遇見了暐哲，蘇打綠的一切突然開始發生。

2005年，我們三個在一家義大利餐廳裡討論畢業製作，兩個女孩發現彼此都有去法國的計畫，變成計畫一起去法國；幾個月後，當她們終於敲定了來回的日期，我們三個都還在懊惱著，這計畫錯過蘇打綠發片日期的時候，我在台灣大聲唱著歌，交出一張唱片，而他們已經從法國帶回來一本書。

現在，這本書要出版了，小渥要我寫點什麼，但要我收起囉唆，只給我五百個方格的機會，我一面心想，妳們兩以為交代妳們這麼簡單嗎？一面發呆到交稿的最後一天……我想，從我跟她們旅遊的經驗，

不只是旅遊，不只是生活，她們總可以捕捉到最靈性的一面，城市熟睡的側面、桌角灑落的濃湯、廣場翻飛的拍翅、時間靜止的瞳孔……有一天我一定要和愛人一起，帶著這本書，走入她們踏過的足跡。

給我親愛的小苗和小渥，我所眷戀的你們，正如你們眷戀的法國一樣美好。

蘇打綠樂團主唱　吳青峰

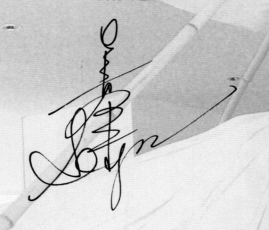

巴黎，我永遠的戀人……

Mon coeur est à paris pour toujours.

每次見到電視上的巴黎，不管是音樂mv還是廣告片等等，都一再一再地引起我內心激動的記憶。在1999年決定離開巴黎的前一個晚上，那一夜塞納河上的月光美到讓我禁不住地掉下不捨的淚水；跟1996年剛來巴黎找不到房子，在塞納河上因為徬徨無助而掉下的眼淚，有著天壤之別的心情。

巴黎的美，實在讓人難以捨棄，而且深深活在心裡，就像美國大文豪海明威所説的 ──「只要你在年輕時到過巴黎，你便會一輩子帶著他」。我也是這樣，無論走到哪裡，都以巴黎人的獨特生活方式在經營自己的日子。

回到台灣，我仍舊每天早上一杯咖啡，一份可頌，一份報紙過活。只是在台灣的露天咖啡不多，由於天氣過於炎熱，無法在外頭久坐，大家都會選擇在屋內吹冷氣。只有等到秋天，氣候微涼，才有心情到外頭坐下來，享受一杯溫熱的咖啡。在巴黎的街頭，除了不時傳來路人的香水味，就是一陣陣從店裡傳出的咖啡香。尤其是冬天的清晨，匆匆行人趕著上班的街道，濃濃的咖啡香可是傳喚著忙碌一天的開始。

到索邦（La Sorbonne）大學的上學路上，我都會先在盧森堡（Jardin Luxembourg）公園下車。在公園鐵門的對街轉角，有家麥當勞跟一家La Brioche的麵包店。我每次下了公車，都會跟La Brioche麵包店買他們的pain au chocolat，就是巧克力可頌麵包。新鮮剛出爐的可頌麵包散發出濃濃的奶油香，酥脆的口感中慢慢溢出巧克力的香氣，再來一杯索邦大學裡特有的廉價機器咖啡，一個早餐七塊法郎（當時相當台幣三十五元）就搞定。已經算是留學生奢侈的享受，因為我知道有很多學生都是靠一杯熱巧克力或熱咖啡當早餐，哪敢還來一份巧克力可頌麵包呢？

當學生省錢理所當然，可是怎麼玩省錢的自助旅行？可是要有方法。看到這一本書《拐哪個巷。巴黎》之後，想到自己第一次到巴黎的那一趟自助旅行，可算是奢侈多了。不過在巴黎玩，光是許多知名景點及美麗的建築、浪漫的空氣，這些將來記憶中源源不絕的精神享受，早就物超所值了。

兩個女生的四十天巴黎，有許多精采且值得玩味到訪的景點，跟著她們的腳步或許可以按圖索驥地享受一下巴黎風情；或許你也可以找到屬於自己的巴黎記憶或一些精緻小店。每個人都有他心目中的巴黎印象，巴黎則可説是我永遠的戀人，因為我永遠記得巴黎的空氣中所飄散的味道，那種屬於我的自由與浪漫。

時尚生活玩家 里維

9

NOW OR NEVER

在巴黎的第三十天，雲層又厚又蜷曲，十分蠻橫地抵擋住光線的透視。從住處的窗口往下望，早晨的表情顯得遲疑，我們擔心將會遇上一天的雨。

即便如此，仍然套上黑襪子、麻織圍巾與短風衣外套，反鎖上送我們離開的木門。我們為了凡爾賽宮的花園，決心和陰天迎面相對。RER的C線車廂中，我和小渥腳尖遇腳尖地坐著，身旁的墨色窗戶反射出鼻樑的暗點。我們兩個人的左側鼻翼上，記號著相同位置的痣，現在回想起來，也許這就是使我們毅然決然一起去巴黎的原因之一。一場直覺性的衝動，以及一股被未知的什麼聯繫在一起的勇氣。

遊走在巴黎的那些日子，遭逢的眼神多數是友善有禮的，那天是城市帶給我們僅有的惡作劇：我們在RER的地鐵標示中迷路，同一條線來回坐了三次，仍然進不了凡爾賽宮華美的城門。甚而還陰錯陽差地讓地鐵載我們出了巴黎的版圖，從上車時人多的像繁複繩結的Les Halles，到下車時彷彿荒漠般的Les Grésillons，瞠目結舌的下一秒反應便捧腹大笑起來。

重新買了車票，印鑑上這段錯誤的美麗，回到巴黎市中心。固執地又轉車到Champs Elysées Clemenceau，問了遊客服務處後才知道大小皇宮重新整修的訊息；摸摸鼻子沿著香榭麗舍大道走向聖多諾黑路的知名玩具店(我一直吵著要去，笑)，發現店正在休假中。

最後我們做出凡事不該強求的結論，便肩並肩瀟灑地決定去超市大採購。下午三點多就一事無成地和渥坐在我們的小房間裡聽貓王，一邊享用午餐兼午茶，簡直就是在巴黎大逆不道地浪費（但心甘情願）時間的兩個人。

然而這將是一個多年之後，偶爾會在無法喘息的自己裡翻找出來的下午：我舔著加上草莓醬的椰子奶酪，她一杯又一杯，灌進芒果柳澄汁；有一點點酸她說，因為也有鳳梨的味道吧我回答。專心地在白色的小電腦前查起英英字典，迫不及待想知道drifted apart 和 stray 的隱喻。

（如果擁有了深深的難過，是因為曾經擁有相同份量的深深的快樂，我們的巴黎好朋友Olivier說。）

但就算了解某些單字的意思又怎麼樣呢？我們仍舊擁有類似的不知道原因而想哭的理由。巴黎是一個使人罔顧理智的城市，我們同樣善感與柔軟：會在巷弄裡的二手CD店老闆按下PLAY鍵時，劇烈紅了眼睛；會忘不了來到這個城市的第一天，用手撕開可頌麵包紙袋時的味道；會在出生二十年後，喜歡上存在於出生二十年前的老歌聲。

回想起這個夏天的旅行的感覺，就好像那個陰陰的早晨裡的雲層，薄霧蓋起了某些私藏的情感，除了彼此之外，無法對任何人訴說。回台灣後的隔天我便趕入研究所的開學瑣碎中，而小渥則是工作跟著工作，連接不斷地做。淺淺的冬天尾隨忙碌而來，小渥突然傳了這本書的內容文字給

我。我讀了之後，腦中空白良久。只是覺得好想念；想念那個女孩，和那段小房間裡的時光。

那些一起在廚房中烹煮的料理，以及突發奇想的對話。我們的巴黎沒有太多咖啡香與河岸邊的鮮豔際遇，如果花紋激灩如同十八世紀，那是因為女孩的關係。

她想換一雙腳(因為總是腳太瘦)。她右手心上的工作線是我看過最長的一條。她在我身後出門(鎖上)，在我身前進門(打開)。她買了ANNA SUI的小仙女香水，聞起來像薄荷葉裡的森林。她只用正方形的筆記本。她懼怕想像中的鬼，例如高塔與維他命B。她說如果生病了不如死掉好了。她喜歡穿襯衫。她不愛酸。她說女孩有時候不能太聰明。她痛恨和前男友保持聯絡。她可以吃得下比臉大的潛艇堡與薯條。她喝紅酒時臉會燒通通。

旅行的第十天早上，小渥醒來時說昨天做了惡夢，夢到我們已經回台灣了，但對巴黎的記憶只停留在十天之前。「所以睜開眼睛發現自己還在巴黎就好開心喔。」那一刻我想著：小渥是真心真意地愛著巴黎吧。她最常翻的書是法文小字典，說起法文時有鮭魚的味道，發音一個音節接著一個音節，好像生來的骨架一般架構著某部分的她。用心做好旅行的功課，記得每一條經過的街道。

因此，當我知道她決定回巴黎念書的時候，心裡一點也不震驚，彷彿這就是她原本就應該走的路一樣，她只是在找尋回家的方向。我其實非常感激小渥，因為她帶給了我一個無可取代的城市，以及一種為了夢想前進而不斷增長的力量。

Tomorrow will be too late
it's now or never
My love won't wait

It is not so easy to ignore the tears from all the memories at this moment , cause NOW OR NEVER. It not just means someone for you, but also Paris for me.

"Are you ISA ? "

她的巴黎旅行，其實才正要開始。

Love 小苗 20051211

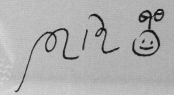

要出發去巴黎了。

直到出發前一刻（真的是往機場的前十五分鐘）我都還在打包行李，到底該帶角架還是義大利肉醬罐，好想穿長裙噢好想帶亮紅色的小皮箱噢此類小問題僵持不下。終於為了安全，我帶了很樸素的小行李箱，大約只能裝去東京五天的分量，我也放棄了長裙和可笑的肉醬罐，連免洗內褲都縮減到十八條。反正重要的不是帶多少去，而是帶什麼回來。

Avant

自序

出發之前

但在終於坐上長榮機場巴士之後，我開始有點沮喪，甚至還偷偷哭了一下。其他的旅客，他們目的地又是哪裡呢，好比說右前方一對不停吃餅乾的ABC姊妹。也許跟我相同，也許會跟我不一樣，但現在我是完全的一個人。老師辦公室的船槳，把我划向了巴黎。他告訴我，在巴黎像活著的死人，只處理和自己有關的事情，很自在也很寂寞。我即將懂這感覺。

四十天是不是太久呢我想，旅行的意義是離開，離開你愛的人、離開你的城市、離開你的習慣。人其實不像你想像的堅強，獨處的自己說不定是最軟弱的。電影〈西班牙公寓〉的男主角說，你告訴自己沒問題的，你可以去那裡，但一上了飛機，你就不是那麼確定了。我忘不了他在飛機上大哭。

但終究有一天，我們會習慣那邊的街道，習慣他們的地鐵巴士，習慣某種食物並不斷介紹給朋友吃。有一天我們覺得那座城市已屬於我們。

這是那時我還無法知道的事情。

兩個女生遊巴黎？一個女生是我，小渥，一個是小苗。小苗是我的大學同學，我們不是那種天天需要黏在一起的友情，然而她卻是我很欣賞的朋友之一，為才華、為她的甜美中帶點稚氣、為她善良的心。在學了兩年多法文後，我決定大學畢業那個夏天要到巴黎旅行，恰巧在一次聚會中，我們發現彼此都有去巴黎旅行的計畫，於是約定要一起同行。之後她投入準備研究所的考試中，我也等著她的回覆。當她終於考上研究所、不顧一切（不顧家人的反對先斬後奏）說可以和我一起去巴黎旅行時，我非常高興又非常擔

心。高興的是，一個人獨自旅行的壓力、惶恐突然消失，轉成了能與另一個女孩一起玩樂的美好；擔心的是，聽說好朋友一起旅行回來後總會因為旅程上的小細節分開、吵架……

　　但是終究我們平安地回家，在機場抱著痛哭捨不得旅行結束，為那些今後只有彼此能訴說的巴黎感情流了許多的眼淚。

　　也許因為是小苗，讓朋友不能一起旅行的魔咒消失。

　　她是這麼善良而甜美，小小的身軀可以拖著很重的行李，（她在行李裡裝了玩具熊！）她總是比我先起床，在廚房煮著早餐，她會綁一個可愛又搭配衣服的髮型再出門，儘管沒有學過法文她可以很快記得剛聽到的單字，她喜歡替路上的小東西照相。

　　不管以後我會有幾個巴黎，巴黎都因小苗而獨特，都因她而飄散著想念的空氣。

　　也許再回到巴黎，我還是一樣走去超市買牛奶，走在一樣的街道上，同一群鴿子飛來。

　　然而我的身邊已經沒有她了。

渥 Isa

提到法國，你會將她與時尚、戀情、美食畫上等號。對極為重視「吃」這件事情的法蘭西民族而言，三餐絕對不只有溫飽的作用，「好吃」是食物的基本義務，如果能再帶點廚師的巧思、獨特的手藝，那絕對會令法國人瘋狂。一般人往往認為「法國料理」是屬於晚禮服與燕尾服的聚會，是貴族之間的事情，若這麼想可會錯過不少品嚐法式小品的好機會！一般來說，法國人午餐吃得比較隨性，往往在路上可外帶的三明治店解決，正式的餐點則留到晚上與朋友聚會享用。除了餐廳（Restaurant），在路上也常見到咖啡館（Café）、小酒館（Bistro）、啤酒屋（Brasserie），不曉得從何選起，就跟著排隊的人群等吧！為了美食法國人不惜等待。

chapitre 1

Les Nourritures
食物

■ 堆了滿街的生鮮蔬果，
是巴黎街頭的小圓舞曲。

Choisir un Déjeuner

午餐的選擇

法國風

在巴黎，大部分的午餐我們選擇**三明治**（Sandwich），幾乎每兩步就一家的麵包甜點店（Boulangerie-Pâtisserie）有著好吃的三明治，只要看櫥窗外寫著emporter，就是可以外帶的意思。 法式三明治其實就是把棍子麵包切開來，加上配料像是生菜、番茄，有的還有水煮蛋切片，可以選擇的是雞肉、起士、火腿，或是鮪魚，我最喜歡吃夾生鮭魚的，一條六吋大的三明治夾滿了生鮭魚，真是棒呆了。以三明治微乾的口感來說，我覺得搭配甜甜帶有果肉的氣泡飲料ORANGINA最適合，如此就成了頗具法式風味的簡單午餐，依照所選的配料和所在地區的不同，價格大約在二～五歐元左右。

也許你厭煩了每天吃三明治，或是你的食量較小，那麼你也可以選擇單吃**棍子麵包**（Baquette），它可說是每家麵包店裡裝設了櫃台和廚房後必備的基本裝備。通常挑選

的法則很簡單，貴的通常比較好吃，不過要小心，貴除了表示好吃，另一種意思只是因為它擺在羅浮宮裡的櫃台。一般來説棍子麵包的價錢在一歐元上下，我覺得一塊一歐元左右就已經很好吃了，通常可以買到手工的棍子麵包，怎麼分辨呢？把棍子麵包翻過來，瞧它的底部是不是沾了白色不均勻的麵粉？那是麵包師傅在料理台子上揉著麵糰時所留下來的，一般用機器做的零點五歐元法國麵包就不會有這種痕跡。因此進入一家麵包店前，可以先由外貌來分辨你是否能找到一根好的棍子麵包。通常買的時候可以要求店家幫你切半，方便攜帶。此外，也該嚐嚐**可頌麵包**（Croissante），它其實來自維也納，十七世紀土耳其士兵潛入維也納境內，被早起的麵包師傅發現，於是告知守護士兵讓他

們擊退了土耳其人，麵包師傅因此獲得許多獎賞，也為了紀念這事件，麵包師傅發明了以土耳其士兵頭盔為形狀的可頌麵包。它較棍子麵包口感較油膩些，有些人也喜歡沾奶油或果醬吃，我則認為一定要買到剛出爐的，不然也要烤箱烘一下，熱騰騰的最是好吃。另外常見的麵包也有號稱「第二支叉子」的**鄉村麵包**，做成圓形代表團聚，是傳統的法國麵包之一，搭配各種肉類菜餚食用。

另外一種常見的外帶午餐就是**可麗餅**（Crêpe），它源自法國西北的布列塔尼地方（Bretagne）。法國有個習俗，在二月二日這一天，要是一手握著銀幣，一手拿著平底鍋將可麗餅翻面成功，那麼代表這整年都會順利。當年拿破崙在1812年攻打俄國時，煎第五片可麗餅卻翻面失敗掉落到地

最佳棍子麵包大獎的麵包店

*2009 Franck Tombarel
　　　Le Grenier de Felix
　　　64, avenue Felix Faure 75015
*2008 Anis Bouabsa en
　　　32/34, rue Tristan Tzara 75018
*2007 Arnaud Delmontel en
　　　39 rue des Martyrs 75009 Paris
*2006 Jean-Pierre Cohier en
　　　280, rue St-Honore 75008 Paris

上，懷疑是因此而將打敗仗的預告，後來也果然成真。可麗餅有鹹有甜的口味，在法文裡鹹的稱為**蕎麥餅（Galette）**，如番茄、奶油、火腿、鮭魚、牛肉等，當作主餐食用；甜的稱為可麗餅，有巧克力、蜂蜜、草莓、檸檬、香蕉等，做為飯後甜點。在店裡吃和外面提供外帶的小舖子不太一樣，通常小舖子的可麗餅，折起來薄薄一片，是法國人下午吃點心的選擇，如果把它拿來當午餐，大概吃完十分鐘後馬上又餓了。在店裡坐著吃的可麗餅，通常分量都很多，還配上沙拉，口味選擇也多一點。想要品嚐道地的可麗餅，可到蒙帕拿斯車站附近的「可麗餅街」──蒙帕拿斯街（Rue de Montparnasse），因火車站提供巴黎─布列塔尼火車來往，這

裡滿是布列塔尼人所開設的可麗餅餐廳，標準法式吃法是先來盤沙拉，點用鹹的蕎麥餅，再配上甜的可麗餅，並搭配一杯蘋果酒（Cidre）。

■可麗餅街
地址：Rue du Montparnasse
地鐵：4/6/12/13號線Montparnasse bien-venue

■日本料理街
地址：Rue Ste.-Anne
地鐵：7/14號線Pyramides

異國風

說到異國風的午餐，一定會想到配料快要滿出來的**希臘口袋餅**。它的分量非常多，用白麵包切開來，裡面可夾烤肉如牛肉、羊肉、豬肉或雞肉，淋上醬汁，再搭配現炸薯條，和飲料，大約五歐元左右。雖然叫做希臘口袋餅，但據說這種口袋餅其實源於阿拉伯，由希臘人所引進巴黎，所以巴黎人稱為希臘袋餅，猶太人做的叫做沙威瑪（Chawama），麵包改用薄餅，不會附上薯條，阿拉伯、北非人做的叫做克巴（Kebab），因不食豬肉所以以牛肉或羊肉為主，但作法都是大同小異，想要體驗的話在拉丁區小巷弄間很容易找到。

另外一種到處可見的北非食物就是庫司庫司（Couscous），它是北非的主食，是一種類似小米的胚芽，將麵粉搓成小粒圓形蒸熟，搭配湯和肉食用，也可做成沙拉醬。我從前上法文課時就聽說這種食物，當時覺得它的名字很可愛，第一次吃到是在瑪黑區的紅孩兒市集（Marché des Enfants Rouges），那裡有北非風味菜的路邊攤，可品嚐庫司庫司小米飯配上羊肉或蔬菜的美味。

有些麵包店或小攤子有提供切成四方形方便外帶的**義大利披薩**，通常是火腿、乳酪搭配黑橄欖的口味，很適合做為下午的點心。另外一種義大利食物**帕尼尼**（Panini），是義大利的三明治，用白麵包夾配料吃，淋上橄欖油，放入烤盤壓扁加熱，不習慣吃冷食的你不妨嘗試。

巴黎的日本料理店集中在歌劇院附近。有天我們走進一家點餐式的日本料理店，有沙拉也有燒烤，我們點了一份生鮭魚沙拉和一份雞肉沙拉，附了味噌湯，非常的美味。以歌劇院東側安娜街（Rue Ste.-Anne）為大本營，你可以找到許多壽司、拉麵店。相對來說，在巴黎幾乎很難找到台灣口味的小吃，大部分是所謂的中華料理，就算到十三區中國城也都是大陸、東南亞的食物。某天夜裡，我們想念起大學時學校附近一家餐廳的名菜「魚香烘蛋」，於是一發不可收拾想起許多台灣菜，終於知道食物是會引起鄉愁的。

■驚豔帽子男！帽子男→是少數第一眼看到覺得好看的男生。他在巴士底市場賣襪子，特地叫苗假裝看東西，想偷拍他被他發現於是跟我們聊一下，說到亞洲他說他喜歡香港，想再去一次。

Marché Traditionnel

露天市集

　　露天市集就像法國生活的縮影，你看法國人吃什麼，聽他們討價還價，想像他們下一餐的菜單，是非常有生活感的體驗。喜歡自己作菜的人，一定可以在這裡找到新鮮豐富的食材。巴黎的每個街區都必有座露天市集，以供附近的居民添購新鮮的食材與蔬果。其中又有幾座特別的市集值得參觀，像是有台灣路邊攤感的紅孩兒市集、熱鬧的巴士底市集、附有跳蚤市場的亞力格市集，是能直接感受法國庶民氣氛的地方。

■可別以為巴士底市場只有農產品，在這裡也可以找到許多擺飾品。

紅孩兒市集

位在布列塔尼街的這座市集，是巴黎最古老的一座頂棚市集，取名來自附近一座孤兒收容所。週二至週日從早至晚開放，除了新鮮的水果、蔬菜、各式麵包、葡萄酒之外，也有各國料理可供品嚐，我們喜歡來這裡吃羊肉庫司庫斯配上一杯熱的甜薄荷茶、吃日本九州風味的炸豬排定食，或是義大利的醃漬海鮮拼盤配上墨魚麵，露天的座椅有著台灣路邊攤的感覺，特別感到親切。

巴士底市集 Marché Bastille

在巴士底七月柱旁邊的Boulevard Richard Lenoir大道上，有座每週四和週日清晨到中午開放的巴士底市場。第一個攤位就令我們心花怒放，小小的攤子充滿便宜的戒指、項鍊、耳環只要二到五歐元任選，是女孩子們都容易心動的價錢。

這是個有如傳統市場般的露天市集，新鮮的小黃瓜、胡蘿蔔、甜椒和包心菜親暱的堆疊在一起，香蕉和橙、蘋果、葡萄顏色都鮮豔，小販親切地請我們試吃一片西瓜，並跟我們要拍立得的相片看看。不遠處有三人一組的街頭藝人彈著吉他，表演一首熱情而熱

鬧的歌曲，來自產地新鮮而肥美的螃蟹、蝦子和魚、蚌，裝在籃子裡待價而沽，已經烤好的烤雞在爐上轉動著，炒成一大鍋秤斤販售的西班牙海鮮飯冒著叫做食指大動的煙。

■紅孩兒市集
開放時間：週二至週六8h30~13h，16h~19h30，週日8h30~14h
地址：39, Rue de Bretagne 75003 Paris
地鐵：3號線Temple

■巴士底市集
開放時間：週四7h~14h30、週日7h~15h
地址：Boulevard Richard Lenoir介於Rue Amelot與Rue Saint-Sabin之間
地鐵：1/5/8號線Bastille

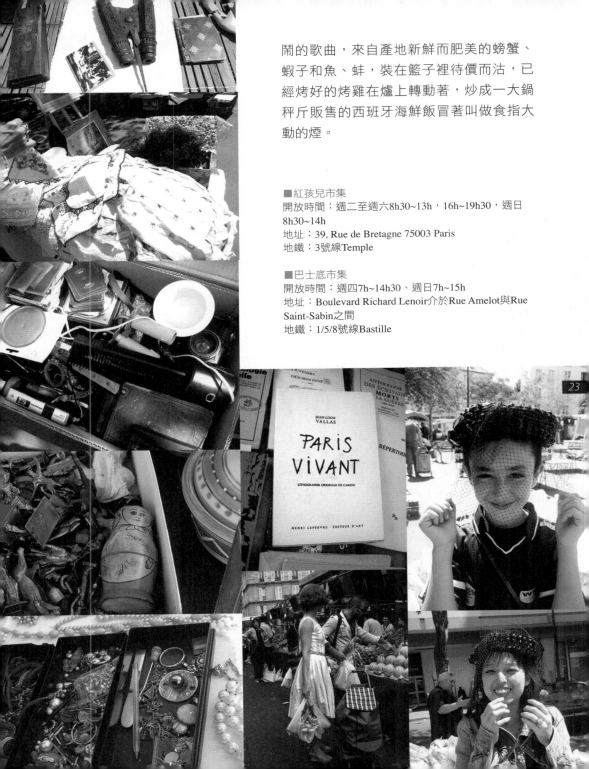

■ 新鮮的蔬果堆疊著彷彿剛

從田裡採摘而來。

亞力格市集 Marché Aligre

　　亞力格（Aligre）市集和亞力格跳蚤市場就在巴士底市場附近，只要沿著Rue Faubourg Saint Antoine走，在Rue d'Aligre轉個彎就到了，除了星期一每天都開市的亞力格市集，是巴黎最便宜的市集之一，可以在這裡找到一些異國的調味料和農產品。小小的街道永遠熱鬧地擠滿了人潮，而在街道的盡頭，有一座半圓形廣場，就是亞力格跳蚤市場。這裡大部分賣舊貨和舊書，有讓你覺得這也能賣的垃圾，也有想要殺價的寶物。跳蚤市場的東西不如想像中便宜，可能因為對巴黎來說，舊的東西才是最美的，這裡最常見的就是寫過的老舊明信片，泛黃而磨損的邊角、也許用鵝毛筆寫下的法文字跡，不知道會不會是貴族寫給心儀的公主？在這個有歷史的城市，我們隨時都可能撞見蕭邦。

■亞力格市集
開放時間：週二至週日7h~14h
地址：Rue d'Aligre
地鐵：8號線Ledru Rollin

其他值得一逛的露天市集

■哈士拜爾市集Marché Raspail
地址：Boulevard Raspail介於Rue de Chercher-midi與
Rue de Rennes之間
特色：有機市集，從農田直送的新鮮農產品
時間：週日9h~15h
交通：12號線Rennes

■威爾森總統市集Marché Président Wilson
地址：Avenue Président Wilson介於Rue Debrousse與
Place d'Iéna之間
特色：可找到鵝肝醬、松露等高級食材的市集
時間：週三7h~14h30週六7h~15h
交通：9號線Alma-Marceau

巴黎市集一日遊

　　為了招待法國朋友，今天的行程訂為「市集一日遊」。從我們住的Les Halles出發，往南走先去了Rue Mouffetard（穆浮塔街），再到十三區的中國城，最後再繞回Rue Montorgueil（蒙特格尤大街）。兩個人提了不知幾公斤重的東西回家幾乎塞不進電梯。

　　Rue Mouffetard是拉丁區一條歷史悠久的石板路，乳酪舖、海鮮攤、蔬果攤、熟食舖一路展開，充滿了食物的香氣；緩緩下降的坡路，則有老電影的氛圍。我們在熟食舖選了一隻烤雞，凹了老闆送我們兩個炒馬鈴薯吃。

　　再來去十三區Champion超市，它在一個大商場的底下，是間超市，我們幾乎在這裡買齊了所有想要的蔬果，像作大阪燒用的choux（包心菜，附帶一提，法國人稱呼自己愛人可以說mon chou，愛人為什麼會等於笨重的包心菜呢），還有番茄炒蛋的番茄，做馬鈴薯泥的馬鈴薯等，在買蔬果類的東西時，需要把它們裝到袋子裡，自己到秤重機前按按鈕（上面有圖示），然後機器會跑出一張貼紙，還挺有趣。

　　雖然買齊了蔬果，有些醬汁還是得到中國城去找，於是我們扛著大包小包，先去一家小雜貨店買了紅豆、綠豆、薏仁，最後去了另一家較小的陳氏超市，買了豆腐、炒麵、一大包味噌（它到旅行結束仍沒吃完）、排骨醬、麒麟啤酒等等。於是這樣又多了幾道菜：味噌豆腐湯、什錦炒麵。

　　再回到Montorgueil大街（已經滿手東西了），一家食品店的摩洛哥老闆親切地跟我們打招呼，他的店很有北非風味，像是用來燜肉的圓錐形陶鍋，以及各種乾貨雜糧，老闆找了一頂民俗風的帽子給我們帶，跟我們照了張相，他說要記得把照片寄給我哦，我會寄回巴黎的明信片給你們。Montorgueil就是這樣充滿熱情的食品大街，水果、乳酪、海鮮攤販林立，也有小酒店和超市，OLIVIERS＆CO一家專賣橄欖製品的店在這裡也有分店，就算你不用橄欖油，光是欣賞美

■回台灣以後也許是懷念在法國作菜的日子，於是逛超級市場和動手作菜也成了習慣。切菜的時候巴黎公寓的時光就悄悄夾在指縫之間。

麗的瓶瓶罐罐也教人神迷，順道一提，喜歡吃鍋牛料理的人可以在38號有金色鍋牛招牌的L'Escargot Montorgueil找到美味的料理。

晚上的菜單是這樣：前菜是烤雞切絲配生菜，主菜則有大阪燒和炒麵、番茄炒蛋，飲料有啤酒和紅酒，湯則是紫菜豆腐味噌湯，點心則有綠豆湯、熱紅豆湯。哇，不可想像文藝少女二人也有作飯實力，且樂在（偷吃）其中，但法國友人卻在八點半打來說九點才會到，只好再把菜熱一次，但他真正到時已經九點半了，

好吧！我看法文書上說被邀請去人家家裡吃飯要遲到一點是正常的。三個人快樂地吃著晚餐，並喝光了朋友帶來的紅酒。

■穆浮塔街Rue Mouffetard
地鐵：7號線Place Monge

■蒙特格尤大街Rue Monteugeuil
地鐵：4線Les Halles

■13區中國城China Town
地鐵：7號線Porte d'Ivry

■餐具考究學：從刀叉的握柄就可以看出主人的個性。內斂點的人選擇沉穩實用的深色，活潑些的人愛用華麗鑲鑽的亮色餐具。我們學到同樣的款式購買多件擺起來就很好看。

Supermarché

超市一族

在超市散步才是正經事

　　我喜歡逛超市，明亮的空間包裹著令人愉快的場所精神，而每個人來這裡添購他們的日常所需，這也是令我動心的地方，因為，我也想這樣，成為巴黎的日常。

　　法國的連鎖超市五花八門，在市中心常見到的有Casino集團的Franprix超市，其中有70%的商品為Leader price品牌，品質中等而價格合理；Lafayette及Casino集團出資的Monoprix超市，除了生鮮食品更引進服裝、飾品及家用品，分店裡營業到凌晨的MONOP'小型超市讓購物更便利；走低價路線的ED則屬於Carrefour集團，自有Dia品牌的產品標榜物美價廉。大型超市如Carrefour、Auchan、Casino多半位於郊區，適合一次性的大採買。

　　可以的話，不妨帶本法文字典來超市研究一下法國人的食物吧。乳製品豐富的法國，有一些產品可不能錯過，法國人喜歡飯後來塊**乳酪**（Fromage），再搭配紅酒會有不同的口感。軟質乳酪如Camenbert會用一個圓形的小盒裝起來販售，可以像切蛋糕一樣切成小塊直接食用。也有像漫畫裡老鼠抱著一個洞一個洞的硬質乳酪，例如加在甜可麗餅上一起煎就是美味的早餐。另外有種拿來刨絲的硬質

■不曉得是不是巴黎的時光特別悠閒，我們每天總是自己作早餐吃完才出門，通常都很簡單，像是煎甜薄餅或是烤土司，配上紫菜玉米濃湯。可以的話在台灣買些濃湯類的簡易包帶去煮會很方便。

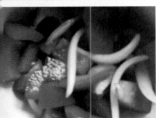

乳酪，灑在義大利麵上，再淋上橄欖油即是簡單的一餐。以上這些都可以在超市買到簡便易作的材料。而**優酪**（Yaourt）和**烤布蕾**（Créme）也是飯後理想的甜點，有雞蛋口味，也有巧克力和原味。

在超市的果汁飲料也相當多種類，有趣的是，蘋果汁最便宜，再來是葡萄汁、鳳梨汁、柳橙汁，這種紙包裝的果汁大概一歐元左右。我最愛喝的是芒柳果汁，因為住處附近的超市沒有賣，我總要跑到Montorgueil大街的超市去買，另外一種ORIGINA的橘子氣泡飲料也很好喝，商標全名是ORIGINA et sa pulpe！就是喝得到果肉的意思。儘管明明是連鎖超市，但怎麼每家的同種商品都有點價差？這是我們對巴黎超市的小迷惑。另外朋友說在超市隨便買瓶相當新台幣一百元的紅酒，就很好喝了，於是我們在第一天買了一瓶四歐元還寫著波爾多的紅酒，卻是僅喝了一杯就放著放到變酸了。也許我們早該到Nicolas連鎖酒店去問問店員請他推薦才是。

■法國的乳酪有著嚴格的品質管制A.O.C，沒有通過Camembert規矩的乳酪是不能叫做Camembert的。

31

■第一次吃西班牙海鮮飯是在
台北新生南路上的佬墨餐廳，
從此熱愛這種微硬的黃色米
飯，雖然不難作但是要做美味
並不簡單的一道菜。

超市料理

在巴黎不管是長時間旅行或居住當地，自己炊煮都是一件常見的事情，如果住宿的旅館有廚房自然是方便不過了，若沒有的話，也可以利用一些簡單的超市料理來享受美味的一餐。

到凡爾賽宮或羅浮宮參觀的日子，我們總是事先準備了簡便的午餐放在包包裡，省時又便利。簡單的三明治就算沒有廚房也可以很快速的做好，在陽光下的巴黎街頭享用，特別美味喔！

帶著走三明治（sandwich to go）

材料：棍子麵包＋生菜＋番茄＋袋裝燻鮭魚＋醬料

作法：將棍子麵包切開來，放入生菜、番茄及燻鮭魚，再加入喜愛的醬料，用保鮮膜包好即可

法國西南地方很流行的一道沙拉，熱熱的雞胗配上蔬果，無論冬天夏天享用都很適合，配上好吃的棍子麵包就是簡單的前菜組合。

趁熱吃雞胗沙拉（salade de gésier）

材料：雞胗料理包＋生菜＋蘋果＋堅果＋醋

作法：將雞胗料理包放入微波爐加熱，拌入生菜及切塊的蘋果、堅果及醋等即可食用

在超市或市集都可找到的海鮮飯，是西班牙的道地美食，在法國也相當流行。添入番紅花而成黃色的米飯，佐有雞腿及海鮮食材，可口誘人，配上一杯白酒更適宜。

胃口大開海鮮飯（Paëlla）

材料：超市的海鮮飯料理包

作法：將海鮮飯料理包解凍後放入微波爐加熱即可食用

■三明治要好吃，必須先找到美味的棍子麵包（La Baguette）。

Aller au Réstaurant

法式餐廳

波布咖啡館

　　在龐畢度中心旁不起眼的小巷內，有一間有著道地法式風味的小酒館。小小的空間卻時常客滿，為的是它每日更換的法式簡餐及小酒館的舒適氣氛。每天都有一道變換的每日主菜(plat du jour)，例如烤雞配馬鈴薯、黑血腸、糖醋排骨、牛排燴蔬菜等，價格十分公道，只要6.4歐元起，在巴黎確實找不到第二間。店內的牆壁上貼滿了藝文活動的表演海報，頗有獨特的氣氛。我們喜歡坐在露天的位置，拿著酒杯看人群走過，看轉變的天色。

　　吃完飯後回到Les Halles已經11點多，走出地鐵的手扶梯，苗說二十年後我們再來這個地方吧。四十二歲時再走一次，會有什麼感想呢，「應該會感傷到死掉吧，」我說。電影《做愛後動物感傷》的女主角說，「二十歲時你哭是因為，你覺得不會再愛上其他人了；四十歲你哭是因為，以後更沒可能了。」我們在二十二歲愛上了巴黎，於是我們以為再也無法愛其他的城市了。有時我真想把這一切炸掉，把記憶抹去，可是我知道我一定會再回來這裡的，因為這是早就被決定好的事情，每一條線索都在促進來巴黎的命運。

■波布咖啡館
地址：25, rue Quincampoix
75004 Paris
地鐵：Rambuteau
預算：主菜6.4歐元起

法式餐桌禮儀

自從講究、愛美的太陽王路易十四開創「太陽王禮儀」之後，法國人由手抓東西吃的高盧人變成了優雅的貴族們，於是今天和朋友在高級餐廳的晚餐，便暫時將它想像成是在凡爾賽宮的聚會，我穿了一件正式的Martin Margiela黑色小禮服，戴了黑色的耳環，並使用一點點在拉法葉百貨買的ESCADA熱帶搖滾香水。

法國友人果然也穿著筆挺的西裝打了小圓點的領帶，皮鞋擦得挺亮的，他替我拉開座椅，我坐下後便把包包塞在背後，覺得位子卡卡的有點不妥，果然被他糾正了，「Isa，包包應該要掛在椅背上哦。」我連忙把包包掛好，並學他把餐巾打開來鋪在腿上。

侍者替我們送上菜單，我點了紅酒烤雞，他點了菲力牛排。

一不留神我就擺出了在家裡吃飯的模樣，立刻被友人糾正了，「Isa，身體不要往前傾，吃東西的時候要慢慢地把食物送到嘴邊，élégante，記得嗎，要高雅。」

去他的禮儀，去他的路易十四。可是我們在米其林三星高級餐廳裡，我得有禮貌的練習完才能被寫入這個章節。

前菜是一小盤沙拉，當我想把沙拉醬整個塗在生菜上一起吃時，我偷偷瞄了一眼朋友的盤子，沙拉醬是倒了一些些在盤子外緣，於是我立刻糾正了原本的想法。不過這並沒有獲得他的鼓勵，反而覺得是理所當然的樣子。「麵包要小口小口吃哦。」接著他用手撕著小圓麵包，我好想張口大咬唷，這樣才有吃東西的感覺嘛，而且那樣一個麵包，我預計三口可以吃完，但是用撕的要吃十次，法國人

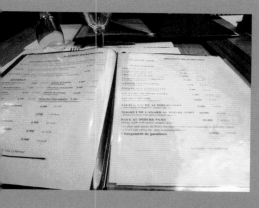

■一般正式餐廳用餐順序：

預約 la Réservation	肉料理 Viandes
抵達 Arrivé	蔬菜料理 Légumes
菜單 Menu/Carte	起司 Fromages
開胃酒 Apéritif	甜點 Desserts
前菜 Entrées	飲料 Boissons
魚料理 Poissons	結帳 L'addition

就是這樣才把大餐吃到兩個小時嗎？

　　接下來侍者端來南瓜湯，用淺湯盤裝著，於是乖乖用湯匙辛苦地舀湯喝，比起來法國人很喜歡用盤子，而且針對什麼食物用什麼樣的盤子是一種餐具考究學。終於舀到剩下一點點湯了，我打算不再喝它，但是朋友有了意見，「妳可以提起湯盤，微微傾斜把它喝完哦，這樣廚師會很開心。而且湯匙也要記得放在盤子上。」

　　終於到了主菜，不愧是米其林三星料理，我的紅酒烤雞看來十分美味，但我有些後悔點了這項難以優雅切割的食物。「切東西的時候，」友人示範著，「要輕輕地推向前，再用力拉回並向下切，不可以發出刺耳的聲音。」看著他優雅的動作，我不禁懷疑他上輩子是貴族。吃甜品也有學問，例如說裝冰淇淋的盤子就絕對不能拿成裝主菜的盤子。而吃蛋糕得先從銳角那端開始吃。

　　終於我們用完了晚餐，時間也晚上十點多了，朋友準備開車送我回家。

　　「妳會把我寫進妳的書裡嗎？」他問。

　　「不會噢，但是頁數不夠的時候還是得拿出來湊湊吧……je rigole！（開玩笑的啦）　讀者通常很容易相信他們讀到的東西，所以我不喜歡在書裡寫私人生活。」

　　「這麼說我屬於妳的私人生活囉？」

　　「ouiiiiii。」我用著可愛語尾的法文回答。

「巴黎咖啡館的椅子往往外溢到街道上，重新界定建築物的範圍。」咖啡館是人們對巴黎的潛意識。當人們說到巴黎，心裡總有模模糊糊的景象：街道上咖啡館的露天座位上，人們不停地講話、笑著或只是抽著菸，注視路過的你，他們桌上的咖啡早已用盡，讓你猜想是什麼讓他們迷戀在那裡。

每個巴黎人都會有間自己愛去的咖啡館。

它沒有花神或雙叟這樣響亮的名氣，它不在聖傑曼或香榭大道上，它的氣氛懷舊，侍者穿著黑

Café de la philosophie

咖啡館哲學

白制服，它的咖啡濃郁、啤酒清涼。

　　它有一扇大面的落地鏡，微霧且以法文寫著本日主餐，

　　它的金色掛衣架上會有一件黑色大衣和一頂黑色西裝帽。

　　那裡有你度過日常的下午、繽紛而炎熱的夏天、應完未完的旅程。

　　那是只屬於你的，巴黎咖啡館。

重視生活品質的法國人，對日
常用品也具有巧思。創意讓最
普通的生活都成了一種藝術。
如果你喜歡居家佈置，更可以
找到各種琳瑯滿目的裝飾品，
從極簡主義的造型感到新藝術
的繁複，都在巴黎的巷弄間等
待你發現。

chapitre 2

Faire du shopping
逛街

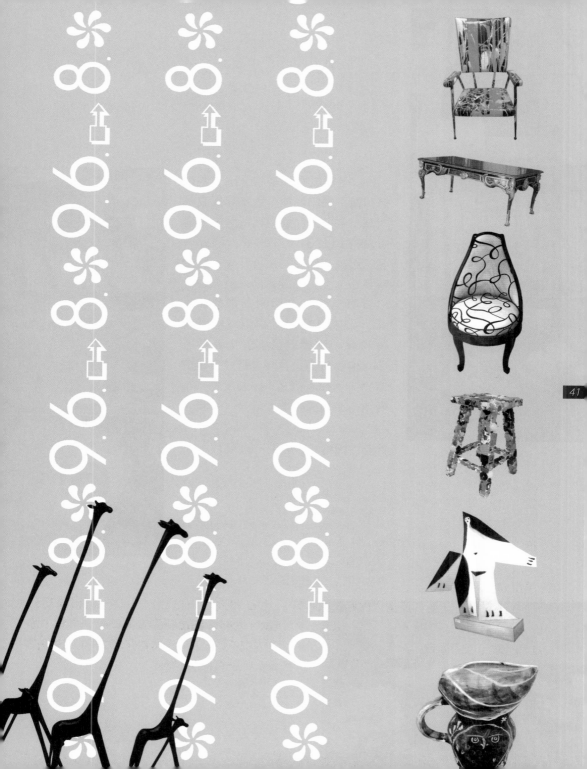

Le Marché aux Puces

跳蚤市場

　　Puce是法文裡跳蚤的意思，為什麼叫做跳蚤市場呢？因市場成立初期為一群遊民交換東西所開始，而這些遊民身上帶有跳蚤，因此得名。雖説你也許對跳蚤市場抱著期待，希望發現拿破崙用過的銀盤，但實際上跳蚤市場的開價都非常高，如果沒有大把銀兩或一張殺價利嘴，確實能買下的東西並不多。但偶爾還是會發現奇妙有趣的事物，例如我們在Vanves跳蚤市場看見一個舊的俄羅斯娃娃，問老闆Combien ça coute？（多少錢？）老闆比起大拇指，意思是一歐元！

■Montreuil 跳蚤市場
地鐵：9號線Marie de Montreuil
開放時間：週六、週日、週一7：00～19：00

■Aligre 跳蚤市場
地鐵：8號線Ledru-Rollin
開放時間：週二至週日上午，週六全天

■Puces de St-Ouen 跳蚤市場
地鐵：4號線Porte de Clignancourt
開放時間：週六、週日、週一7h～19h30

■Puces de Vanves 跳蚤市場
地鐵：Porte de Vanves
開放時間：週六、週日7h~12h

Puces de St-Ouen 跳蚤市場

　十九世紀一群被巴黎市政府驅逐的拾荒者，被迫居住在Clignancourt門外叫做聖端的小鎮，他們成立了一個市場，賣撿回來的破爛貨，這是聖端市場最早的雛形。而今位在巴黎北邊的聖端跳蚤市場，已成了觀光景點，佔地達十二公頃多達2500個攤位12個分市場，以各式舊貨和古董、洋娃娃、首飾、舊書為主，也可以見到非洲的樂器和大戰時期的軍用品、或是航海用品店、現場訂做門牌的店。極富盛名吸引而來的人潮，讓人感覺缺少一份緩慢尋寶的悠閒。

Puces de Vanves 跳蚤市場

　和北邊的聖端比起來，這座位在南方的凡夫跳蚤市場顯得舒適許多，仍然瀰漫著「把家裡舊物拿出來賣也許會有人要噢」的氣氛，350個攤位散落在大街上，價格也多半昂貴。一組錫盤錫杯往往開價兩、三百歐元，因此殺價請不要手軟。

■在聖端跳蚤市場發現的小熊和娃娃。

其他值得一逛的市場：

■Marché de Cuir et de l'Habillement皮製品及
　二手成衣市場

地址：Carreau de Temple 75003 Paris
地鐵：3號線Temple
開放時間：週二至週五、週日9h～13h30，週六9h～18h

■Rue Brancion古董及二手書市場

地址：George-Brassens公園內75015Paris
地鐵：12號線Convention
開放時間：週六、週日8h～19h

■Marché aux Oiseaux鳥市

地址：Quai de la Megisserie 75001 Paris
地鐵：7號線 Pont Nerf
開放時間：每日10h～19h

■Marché aux Fleurs花市

地址：Ile de la Cité, Place Louis-Lepine 75004 Paris
地鐵：4號線Cité
開放時間：每日8h～19h

地址：Place de la Madeleine 75008 Paris
地鐵：8號線/12號線/14號線Madeleine
開放時間：週一～週六8h～19h30

■Marché aux Timbres郵票市場

地址：Avenue Matignon, Rond Point des Champs-Elysées
地鐵：1號線/9號線Franklin Roosevelt
開放時間：週四、週六、週日及節日9h～19h

Les Halles

磊阿勒區

　　Les Halles是巴黎市中心的中心,原本是中央市場,現在仍留有Montorgueil食品大街,以及蔓延到Etienne Marcel類似台北五分埔的成衣市場(部分店只賣給批發商),改建的磊阿勒商場更是流行集中地,便宜少女服裝連鎖店H　M、ZARA在這裡都有分店。

在聖多諾黑街遇見貓王

　　那天女孩和她的朋友走進店裡。女孩戴著淺藍色的太陽眼鏡,穿著牛仔外套和黑色長裙,她的朋友則穿著寫著NEW YORK的小背心,外搭褐色短外套和花裙。女孩的穿衣風格比較接近巴黎人的簡單樸素,她的朋友則有東京華麗的風格。她們翻了翻新進的書,然後走到後面的二手CD區。

　　對這一帶而言,東方面孔並不常見,我分不太清楚她們是日本人還是中國人,正想著的時候,瑪蒂德把這星期的報表送過來,於是我打斷思考,整理著手邊的資料,店裡目前播放著伊蓮・西嘉賀(Helene Segara)的歌,je rêve。

　　看到上星期二的報表,我想起馬修。每個星期二他都來我店裡找我,聊聊老歌和最近幾個地下樂團的發展。偶爾我們也去對面的咖啡館喝杯拿鐵。這傢伙以前在pub當過DJ,對搖

■這是一間無意逛到的二手CD店,她買了一張封面有羊的專輯,音樂有著濃濃的實驗風格。我喜愛的樂團麂皮合唱團(Suede)和電台司令(RadioHead)專輯二手價也是六歐元,除了買皇后合唱團(Queen)和貓王,路人聽我們問有沒有好聽的法國專輯?因而推薦我們買了一張瑪蓮·法莫(Mylene Farmer)。晚上工作時我總是網上收聽RFM,可以聽到許多法國現正流行的歌曲。http://www.rfm.fr

■在跳蚤市場見到貓王圖案的T-shirt,回台北聽見貓王的midi音樂播放,不得不說這個性感的男人每每觸動我的淚線,讓時光彷彿回到在Sauval公寓的日子。

滾樂癡迷不已,聽說年輕的時候也曾組過樂團,只是每次再問他詳細的情況,他總是笑笑不再說。

女孩拿著一張CD走到櫃台前,她看來有點緊張,她拿下了太陽眼鏡,現出了有些像歐美人的輪廓。她問我是否會說英文?我說,恐怕不行哦。女孩只好微笑說,好吧那我試著用法文講看看,「我在找一首歌,但我不太確定是否在這張CD裡……?」她揚了揚手上的CD,是貓王ELVIS PRESLEY的精選輯。現在的年輕女孩還聽ELVIS?這真讓我驚訝。

馬修正好在這時走進來,我想到這傢伙英文還不錯,於是指了指他,說也許他可以幫妳噢。我跟馬修說明了情況,女孩轉向馬修,「我不太確定是不是這一首……」她指了指CD背面。馬修哼了一小段,女孩的眼睛突然閃亮了起來。我問她「妳想試聽嗎?」一般說來,我們店裡不主動提供試聽,但對於異國面孔而言,我總是容易心軟。

於是我拆開了那張ELVIS GOLDEN RECORD VOL3,放入音響,按下女孩指定的第七首play。伊蓮·西嘉賀清柔的歌聲轉為60年代渾厚的男聲,「Are you lonesome tonight / Do you miss me tonight……」

是貓王在1961年的名曲「Are you lonesome tonight」,「別告訴我妳要哭了噢。」女孩聽到前奏時表情突然變得悲傷,於是我開玩笑似的問她。沒想到她聽後不可抑制地哭了起來,可能是

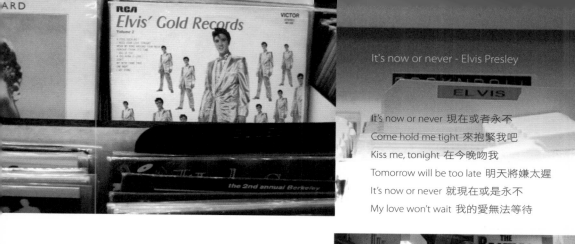

It's now or never 現在或者永不
Come hold me tight 來抱緊我吧
Kiss me, tonight 在今晚吻我
Tomorrow will be too late 明天將嫌太遲
It's now or never 就現在或是永不
My love won't wait 我的愛無法等待

情緒激動，她講著英文法文交錯的語句，馬修
遞給她面紙，女孩紅著眼圈，微笑著道謝。

　　我和馬修後來猜測了好幾回女孩的故事，大
抵是她在巴黎有個戀人，卻不得不回到原本家
鄉去。馬修認為女孩愛上的是無法回報她愛之
人，可能是已婚的老藝術家，或是在瑪黑區邂
逅的gay。

　　但總之那天在女孩走了之後，店裡瀰漫著深
深的寂寞，我聽了一次又一次的貓王，試圖把
自己沉浸在當年深愛著某人也曾體會的寂寞之
中，於是這一輪巴黎的日常似乎更加緩慢。我
在午後拿了點麵包屑餵鴿子，在那群大片的灰
色之中，那頭白鴿，也就越發的落寞起來。

■Parallèles
地址：47, rue Saint-Honoré 75001 Paris
電話：01-42-33-62-70
時間：週一～週六10：00～19：00

在聖多諾黑街上的Parallèles，是一家販售書籍
與CD、黑膠唱片的店，提供交換和買賣的服
務。二手CD的價格在六歐元左右，隨著歌手與
專輯價格有些不同，如果想帶一張法國香頌紀
念在巴黎的時光，可以請老闆推薦給你。

La Galerie

廊巷

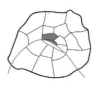

　　有著天棚的廊巷，分佈在磊阿勒、瑪德蓮和聖拉札爾車站的範圍內，是十八世紀末到十九世紀巴黎最熱鬧的地區，現今的廊巷帶有一點華麗的落寞，卻是回憶老巴黎的好地方。廊巷裡多半是價格昂貴的精緻品，或是創意者的工作室，其中凱爾巷是為了紀念拿破崙出征埃及之役，巷口有著埃及女神的頭像，同時也是最長的一條廊巷；布拉迪廊巷則擠滿了印度餐廳，套餐6歐元值得嘗試；薇薇安廊巷則是其中最美的一條，地板鋪滿了馬賽克磁磚，Jean-Paul Gautier的工作室就在此處；大鹿廊巷則有著設計師的店舖，被稱為最嬉皮的一條廊巷；朱佛巷內則有著曾經紅極一時的格列凡蠟像館。

　　尋找廊巷的過程像是一場尋寶遊戲，我們時常帶著地圖按著路牌尋找她們，好不容易找到一條廊巷，長長的天棚遮擋了陽光，逛起來特別舒適，繞來繞去走出廊巷底端，往往不知身在何處。廊巷也像一條時光走廊，也許我們正在一家十九世紀就存在的舊書店，找一張將在二十一世紀寄出的明信片。

廊巷一覽表（照年代排序）

★Passage Ben Aïad班亞德廊巷(1763)

地址：7, Rue Bachaumont, 75002 Paris

地鐵：3號線Sentier

★Passage des Pavillons大亭廊巷(1784)

地址：6, rue du Beaujolais 75001 Paris

地鐵：7/14號線Pyramides

★Passage du Caire凱爾巷(1798)

地鐵：3/4號線Réaumur Sébastopol

★Passage des Panoramas全景巷(1800)

地址：11, boulevard Montmartre 75009 Paris

地鐵：8/9號線Grands-Boulevards

★Galerie Vivienne薇薇安廊巷(1823)

地址：6, Rue vivienne, 75002 Paris

地鐵：3號線Bourse

★Passage Grand Cerf大鹿廊巷(1825)

地址：145, rue Saint-Denis 75004 Paris

地鐵：4號線Étienne-Marcel

★Galerie Véro-Dodat維侯多達廊巷(1826)

地址：19, rue Jean-Jacques Rousseau 75001 Paris

地鐵：1/7號線Palais-Royal Musée du Louvre

★Galerie Colbert柯爾柏廊巷(1826)

地址：6, rue des Petits-Champs 75002 Paris

地鐵：3號線Bourse

★Passage du Ponceau蓬索巷(1826)

地址：212, rue Saint-Denis 75

地鐵：3/4號線Réaumur Sébastopol

★Passage Choiseul刷瑟爾廊巷(1827)

地址：44, rue des Petits-Champs 75002 Paris

地鐵：3號線Quatre-Septembre

49

★ Passage de l'industrie工業廊巷(1827)

地址：42, rue du Faubourg Saint-Denis 75010 Paris

地鐵：4/8/9號線Strasbourg-Saint Denis

★Passage Bourg l'Abbé拉貝廊巷(1828)

地鐵：3/4號線Réaumur Sébastopol

★Passage du Brady布拉迪廊巷(1828)

地址：33, boulevard Strasbourg 75010 Paris

地鐵：4/8/9號線Strasbourg-Saint Denis

★Galerie de la Madeleine瑪德蓮巷(1845)

地址：9, place de la Madeleine 75008 Paris

地鐵：8/12/14號線Madeleine

★Passage Jouffroy朱佛巷(1845)

地址：10, boulevard Monmartre 75009 Paris

地鐵：8/9號線Grands-Boulevards

★Passage Verdeau維爾多廊巷(1847)

地址：31bis, rue du Faubourg-Monmartre 75009 Paris

地鐵：7號線Le Peletier

昏黃燈光下，青蛙公爵穿著鑲鑽的袍子、兔子王侯坐在昂貴的古董椅上，戴上貓女爵的面具，華麗晚宴正要開始。

■巴黎的路名中，rue、avenue、boulevard、Faubourg、都是指路卻有不一樣的意思，一條街比如說St-Honoré，會有Rue St-Honoré和Rue de Faubourg St-Honoré之分，你可能覺得還好，因為他們是連在一起的，但例如Rue du Faubourg Montmartre和Boulevard Montmartre是垂直的！有可能因此迷路。

Plan de la Galerie
廊巷遊晃地圖

Brady
Nouvelle
Industrie
Prado
Rue du Faubourg St-Denis

Strasbourg
St-Denis

Caire
Ponceau

Rue St-Denis

Réaumur
Sébastopol

nd-Cerf

Rue de Turbigo

Bourg l'Abbé

evard de Sébastopol

53

■廊巷（La Galerie）裡不只商
店，餐廳也是很有氣氛的選擇。

GALERIE VIVIENNE

L'Opéra

歌劇院區

迦尼葉歌劇院屬於拿破崙三世風建築，繁複而豪華。許多日本人到這區消費購物，因此街上開設許多日本料理店。拉法葉和春天百貨都在此區，可以一路逛到瑪德蓮廣場。

在往L'opéra的路上，貓從馬克杯上探出頭來

這是一家狗狗貓貓的店，以狗和貓為主題的各種造型商品，如馬克杯、時鐘、明信片、擺飾等等，喜歡寵物的人不可以錯過。就在隔壁幾間店的ANTOINE是家專門賣傘的店，以動物頭為傘柄的造型傘非常可愛，另外也有貴婦的小蕾絲傘以及各式各樣教人眼花撩亂的傘。

■WAAF MIAOU
地址：14, avenue de l'Opéra 75001 Paris
電話：01 42 60 02 26

■在法國消費金額達到同一天同一家店182.94歐元，即可辦理退稅，記得先去一樓服務台拿簡介和地圖，通常會有些商品折扣的訊息在裡面。

巴黎的百貨公司

★Galeries Lafayette拉法葉百貨公司★

地址：40, Boulevard Haussmann 75009 Paris

開放時間：週一至週六，10：00AM～7：30PM

地鐵：7/9號線Chaussée d'Antin

★Printemps春天百貨公司★

地址：64, Boulevard Haussmann 75009 Paris

開放時間：週一至週六，9：30AM～7：00PM

地鐵：3號線Havre-Caumartin

★Bon Marché Rive Gauche左岸平價百貨公司★

地址：24, Rue de Sévres 75007 Paris

開放時間：週一至週六，10：00AM～7：00PM

　　　　　週四、五，9：00PM

地鐵：10/12號線Sévre-Babylone

★BHV百貨公司★

地址：55, Rue de la Verrerie 75004 Paris

開放時間：週一、二、四、五，9：30AM～7：30PM

　　　　　週三，9：00PM，週六，8：00PM

地鐵：1/11號線Hôtel de Ville

★Citadium百貨公司★

地址：50/56, Rue Caumartin 75009

開放時間：週一至週六，10：30AM～8：00PM

　　　　　週四至9：00PM

地鐵：3號線Havre Caumartin

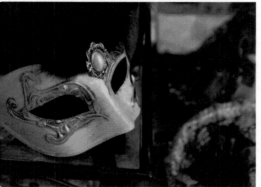

Le Marais

瑪黑區

■妖精
帶有殺氣的幻境。
就是太美了，以致於讓人感受不到殺氣的女妖精，
靈魂被抽走後殘留一抹微笑。

　　瑪黑區原是一片沼澤，現今有著許多具設計感的風格小店，前後來了四、五次還是逛不膩，我們通常沿著Rue Rivoli走，走過屬於文藝復興建築形式的巴黎市政府，來到瑪黑區，或是從磊阿勒商場，走過龐畢度中心抵達瑪黑區。隨意地尋找看見喜歡的店就進去，常發現許多強烈設計風格的裝飾品、筆記本、生活用品。

在瑪黑區被施以魔法

　　這間店內充滿了妖精的雕塑、來自義大利的面具，鋪陳出中古世紀的氣氛，燈光昏黃下，留著小鬍子的可愛老闆一拍手，所有的巫婆開始唱歌，鬼怪也開始扭動，他說他喜歡有魔法的事物。地下室是專門放置慶祝聖誕節的佈置用品，一個裝有雪人的盒子裡，按下按鈕就飄雪。是一間充滿夢境的店。

■老闆會問你C'est pour offrir? 這是要送人的嗎？或說un cadeau?是禮物？趕緊回答oui，他會幫你包得很美哦。

明明就是自己要買的...還要我包...包裝紙也要錢耶

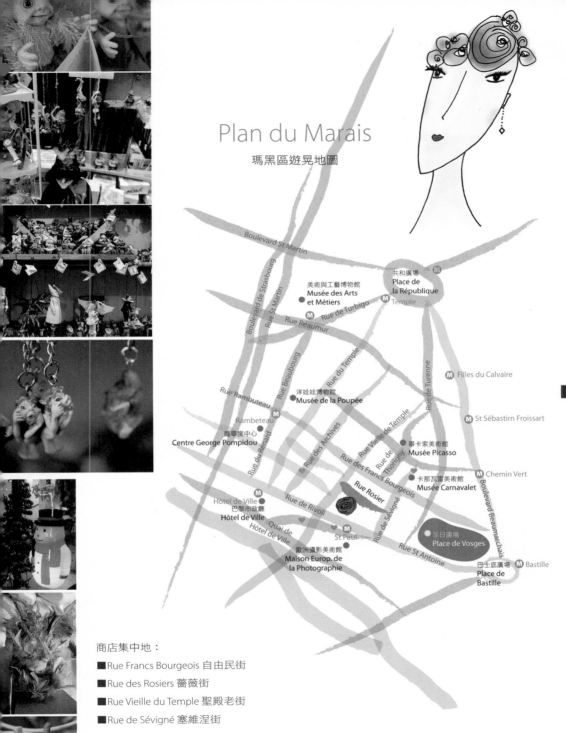

Plan du Marais

瑪黑區遊晃地圖

Boulevard St Martin

Boulevard de Strasbourg

Rue St Martin

美術與工藝博物館
Musée des Arts
et Métiers

共和廣場
Place de
la République

Temple Ⓜ

Rue de Turbigo

Rue Réaumur

Rue de Turenne

Rue du Temple

Filles du Calvaire Ⓜ

Rue Beaubourg

洋娃娃博物館
Musée de la Poupée

Rue Rambuteau

57

Rambeteau Ⓜ

St Sébastirn Froissart Ⓜ

龐畢度中心
Centre George Pompidou

Rue du Renard

Rue des Archives

Rue Vielle de Temple

畢卡索美術館
Musée Picasso

Rue de
Thorigny

Rue des Francs Bourgeois

卡那瓦雷美術館
Musée Carnavalet

Chemin Vert Ⓜ

Rue Rosier

Boulevard Beaumarchais

Ⓜ
Hôtel de Ville
巴黎市政廳
Hôtel de Ville

Rue de Rivoli

Rue de Sévigné

Quai de
Hôtel de Ville

St Paul Ⓜ

浮日廣場
Place de Vosges

Rue St Antoine

巴士底廣場
Place de
Bastille

Bastille Ⓜ

歐洲攝影美術館
Maison Europ. de
la Photographie

商店集中地 :

■ Rue Francs Bourgeois 自由民街

■ Rue des Rosiers 薔薇街

■ Rue Vieille du Temple 聖殿老街

■ Rue de Sévigné 塞維涅街

■去巴黎該帶什麼紀念品？
從生活用品切入，是貼心又具實用價值的選擇，就在瑪黑區的巷子裡鑽來鑽去吧。

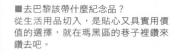

■瑪黑區的小店就是這樣琳瑯滿目，充滿了逛街尋寶的樂趣。

Il y a
trop
d'art

SÉL
L
l'in

EDITIONS

sous les étoiles

il était une fois...

il était une fois

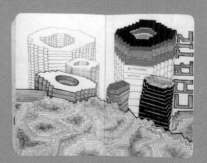

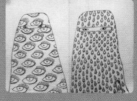

■在巴黎看王家衛

在St-Germain-de-Pres大街逛了很久,提議去看場電影。看什麼好呢?電影看板上寫著大大的EROS,是王家衛和Steven Soderbergh、Michelangelo Antonioni合拍的片子。在巴黎看〈愛神〉,看法文字幕的電影也是件挺新鮮的事情。瞭解多少並不重要,重要的是彼此之間眼神的傳遞,只是看電影的練習,和法國人的溝通也是如此。

Quartier Latin

拉丁區

　　因為聚集了說著拉丁文的學生而被稱為拉丁區的第五區,有著巴黎許多的大學與學院,有名的語言學校也在附近。你可以先看場早場電影再輕鬆找到一間咖啡館佇足;你也會找到美味而便宜的餐館,看上一雙可愛卻擔心不耐走的鞋子。

Viaduc des Arts

工藝街

Socle Insimbi
avec variateur
39€

Socle
Insimbi
29€

出了地鐵站Daumesnil，便會看到一排綿延無盡的拱橋，在Avenue Daumesnil大路上，這是在十九世紀巴士底-凡仙森林鐵路線完工時所建立的高架橋，全長1.4公里，共有七十一座橋拱。後來1969年鐵路拆除後，巴黎市政府將底下的橋拱改建為包含地下室及一樓的工作室，提供巴士底原本就聚集的各類藝術工匠家使用。而高架橋上方則改建為一條線狀公園，一直綿延到凡仙森林。在這邊的工作室裡可以找到燈飾、海報、拼布等等用品。

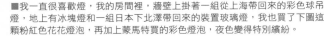

■我一直很喜歡燈，我的房間裡，牆壁上掛著一組從上海帶回來的彩色球吊燈，地上有冰塊燈和一組日本下北澤帶回來的裝置玻璃燈，我也買了下圖這顆粉紅色花花燈泡，再加上蒙馬特買的彩色燈泡，夜色變得特別繽紛。

J'adore ça!!

Le Montmartre

蒙馬特區

在蒙馬特花上兩小時選燈泡

La case de cousin Paul，位在蒙馬特小小卻明亮的店，從阿貝斯廣場出發，只是突然想要這麼走，就彎進了這條小路，門口的一串燈泡吸引我們的注意，看了介紹原來是可以任選顏色組合的燈泡店！藍色、粉紅色、黑色、白色、紫色、橙色、深藍色、紅色、還有花色！依據燈泡，可挑選十個一組、十五個一組、二十個一組，最長可以到五十個一組。五顏六色的好像很繽紛，黑白兩色的極簡卻又更高雅？我們就這樣抱著籃子想了兩個小時。

親切的老闆娘看我們挑得如此苦惱，笑說沒關係可以慢慢選哦，因為她知道挑顏色是非常難的！店內的燈泡有些出自她的設計，有些是老公的idea。我們特別喜歡在門口那一串綠色系燈泡，讓我們想到好朋友吳小青的樂團蘇打綠。如同燈泡，她的名片也做成有各式顏色的小方塊，見我拿了桃紅色的，她笑說大家都拿那個顏色！妳看，已經被拿完了！

■La case de cousin Paul
地址；4/6, rue Tardieu 75018 Paris
地鐵：2號線Anvers

■為旅行設計的包裝
燈泡可以折疊成碗形利於攜帶，只要再用竹籤往內撐一下，就可以順利恢復圓形。自己DIY配色！

chapitre 3

Les Scènes
景點

　26歲以前一定要去一次巴黎，因為火車、博物館很多都是26歲以前享有特價。

　花25歐元看遍巴黎。2日卷則是28歐元。巴黎城市觀光巴士（Paris L'Open Tour)推出四條遊覽線，囊括所有重要旅遊點，旅客可買一或二天效期票，無限次數搭乘，車上有英、法語導覽。

　一、巴黎觀光之旅（Paris Grand Tour，綠線），全程約兩小時，路經瑪德蓮教堂、巴黎歌劇院、羅浮宮、巴黎聖母院、聖日爾曼德佩、奧賽博物館、協和廣場、凱旋門、羅卡代羅（Trocadero）、艾菲爾鐵塔及傷兵院。

　二、巴士底至貝西（Bastille-Bercy，藍線），須時約一小時，其路線經巴黎聖母院、西堤島、巴士底、里昂車站、Austerlitz車站以及貝西公園。

　三、蒙馬特至主要大道（Montmartre-Grands Boulevards，黃線），須時約一小時，經蒙馬特的纜索鐵路（le Funiculaire de Montmartre)、巴黎北站和東站以及主要大道。

　四、蒙帕納斯至聖日爾曼德佩（Montparnasse-Saint-Germain，橘線），須時約一小時，行經盧森堡公園、天文台、骷髏穴、傷兵院以及聖日爾曼德佩。

　http://www.paris-opentour.com/ 上網查詢搭車地點與班次時間

■爬上艾菲爾鐵塔,以巴黎夜景做為鼓勵。

67

L.L. 68 CHAUMONT-sur-LOIRE. — Le Château (Mon¹ Hist.)
Chambre de Ruggieri, astrologue de Catherine de Médicis
(Cheminée et Coffre-fort du XVIᵉ s.)

終究有一天，我們會習慣那邊的街道，習慣他們的地鐵，習慣某種食物並不斷介紹給朋友吃。

有一天我們覺得那座城市已屬於我們。

這是那時我還無法知道的事情。

■Forum Les Halles磊阿勒商場
Les Halles在法文裡原是中央市場的意思，現在拆除掉的舊中央市場，改建為一座大型明亮的地下四層商場，有著各家連鎖店的分店和UGC電影院，以及游泳池、健身房。Forum des Halles也位在磊阿勒商場，支付一些費用就可以觀看與巴黎相關的影片。地下四層即是R.E.R-B線Ch?telet和地鐵Les Halles的轉乘出入口。磊阿勒廣場上的無邪噴泉(Fontaine des Innocents)是16世紀所興建的文藝復興式噴泉，黃昏時分此處經常聚集了許許多多的人，也許正要相約去小酒館喝一杯。

■磊阿勒商場
地址：101 Porte Berger 75001 Paris
地鐵：4號線Les Halles

Les Halles - Centre George Pompidou

巴黎的肚腹，我們的原點

從龐畢度中心走回磊阿勒的路上，我突然有感而發跟她說：「如果我以後來巴黎念書，不是住『這裡』，就是住別的地方。」

她遲疑了一下，看著我。「這不是廢話嗎！」

「我的意思是……嗯……不是住『這裡』，就是住別的地方，對。」

「通常要說不是怎麼樣怎麼樣，就是怎麼樣怎麼樣，應該是例如『不是嫁你就是不嫁』吧，妳應該是要說，不是住這裡，就是不住這裡。」

「我想我要強調的是『這裡』……也就是說，不是住『這裡』，就是住別的地方，強調了『這裡』的重要性，是第一優先。除了這個，就是其他了。好像還是廢話？」

「好像還是廢話。」

■Centre George Pompidou龐畢度中心

紅、藍、綠、黃露出的管線是龐畢度中心的特色，由Richard Rogers和Renzo Piano所設計。紅色是手扶梯，藍色是空調，綠色是水，黃色是電力，鮮明的顏色構成了人們對龐畢度中心的強烈印象。龐畢度中心前的廣場，有些許街頭畫家等著替你作畫，也不時有街頭藝人表演，坐在廣場上曬太陽是野餐的好地方。搭乘透明管線的電梯，到達內部四樓和五樓的國立現代美術館，收藏了豐富的當代藝術創作，數量僅次於紐約大都會現代美術館。六樓的觀景台可以眺望巴黎街景。在中心旁邊的史特拉汶斯基廣場(Place Igor Stravinsky)有著彩色的雕塑噴泉，是參觀完現代藝術後可以略微喘口氣，休息一下的好地方。

■龐畢度中心

地址：Centre Pompidou 75004 Paris

地鐵：11號線Rambuteau

門票：一日通行證成人旺季12€淡季10€、
　　　18-25歲優待票旺季9€淡季8€

　　有天回到磊阿勒已經晚上十一點多，附近的餐館依舊熱鬧，露天座位上擠滿了人，正在吃晚餐與高談闊論，繼續著他們的日常。那天是我們待在巴黎第二十五天，數數剩下的日子已經小於待在這裡的日子，再過不久就要告別，於是對這樣的日常突然感到心痛。在巴黎的日子，是被切割起來的美好蛋糕，擺在記憶的櫥窗裡，每當我們想起這四十天，它仍然美好，卻已褪色在大腦皮質中。我們什麼力氣也使不上，只能讓巴黎逐漸殘留成一個模糊的影子，跟著年華老去。

Musée de la Poupée

洋娃娃博物館

　　她是喜歡洋娃娃的女生，話雖這麼說卻不喜歡金髮碧眼那種，「要有靈性的！」因為她是有個性的女生。所以旅程中我們一直在找尋有靈性的娃娃，不在意娃娃的破舊，也不是價錢的問題。

■洋娃娃博物館
地址：Impasse Berthaud 75003 Paris
地鐵：11號線Rambuteau

洋娃娃博物館展出私人收藏的各世紀洋娃娃，以及娃娃的擺飾品、小衣服。小小的空間卻可以看出娃娃們在造型與裝飾上的進步。

　　她是相當認真在找一個靈魂。一個可以跟她體內高度才華涵養著的靈魂相撞的靈魂。也許眼睛破損了，或是缺少一隻手，但是如果有什麼在體內，她一眼就可以看出來並愛上這個娃娃。

Tour Eiffel艾菲爾鐵塔

　　Gustave Eiffel為了1889年萬國博覽會設計艾菲爾鐵塔，建於1886年，現已成為法國第一象徵。Eiffel曾經發下豪語：「我想為現代科學與法國工業的榮耀，建立一個像凱旋門那般雄偉的建築。」高320公尺的艾菲爾鐵塔，自1887年到1931年紐約帝國大廈落成前，保持了四十五年世界最高建築物的地位。其上有Radio France的發射基地，也有巴黎最好的餐廳之一，設有一間高空郵局讓遊客在好不容易爬到頂層後，寄張明信片鼓勵一下自己。

■艾菲爾鐵塔
地鐵：6號線Bir-Hakeim
門票：成人電梯第二層8€、頂樓13€、樓梯4.5€，12-24歲電梯第二層6.4€、頂樓9.9€、樓梯3.5€

■夜裡驅車經過塞納河邊，看見了整點而閃爍炫目的艾菲爾鐵塔，我什麼話都說不出口，只是靜靜看著鐵塔往我視線後方逝去，那一刻我知道我再也不可能忘記你了，只要看見艾菲爾鐵塔我就會想起你，想起你坐在我的身邊，想起我們曾經的親吻，想起你對我說Je t'aime。

Tour Eiffel

鐵塔下的幸福

每個人一定都有個艾菲爾鐵塔的故事。我也不例外。

在出發前一年，我買了個鐵作的巴黎小鐵塔，大約十公分高，儘管這種以艾菲爾鐵塔為造型的東西已成為法國最象徵的紀念品，塞納河邊、rivoli路上滿是0.5歐元到1歐元的小鑰匙圈和各種以艾菲爾為主題的紀念品、明信片。但每天看到桌上的鐵塔，就像從空中俯瞰巴黎，她敦促著我去巴黎的決心。

真正去艾菲爾鐵塔那天，天氣卻不是很好，我們走去她對面的戰神廣場，可以遠眺完整的艾菲爾鐵塔。但讓我難以忘懷的其實不是陰雨下的艾菲爾，而是寫在廣場護欄上的一段話：

Je voudrais être sa femme pour la vie. Et je voudrais mes enfants t'appelent "papa"...

(這一生我願作你的妻子，我希望我的小孩叫你爸爸)

不知道留言的愛侶，是否現在正在世界的某一角落享受他們的幸福？或是童話也許已經變質，但刻在這裡的字跡證明，世界上仍有幸福存在。

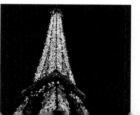

■自2003年起的十年間，入夜後整點，艾菲爾鐵塔將點亮2萬盞燈泡，繽紛巴黎的夜色，是項耗費了五百萬美元歷時九個月的重大工程。有機會在夜晚閒晃巴黎時，一定不能錯過這閃耀美麗的景觀。

Le Canal

運河戀人

「我只是想要半夜彈鋼琴，就這麼簡單。」我們坐在巴黎遊船上，船緩緩移動著。

「說穿了，妳只是想要任性一下而已，害怕被人了解的反面，其實也希望人可以了解妳多一點吧？」

「能告訴我，為甚麼知道後果卻仍不斷地一再一再嘗試？」

「妳說的是……？」

「明知道有人可能傷害妳，卻不放棄與人接觸，在那過程中其實也渴望被了解的吧？於是在這麼小心翼翼之間，早已經受到傷害了。明知道每一段感情的萌芽和消逝徵兆是如此雷同，只不過是過程中不斷嚐那苦與樂罷了。後果是一樣的，那循環已經可以成為定律。儘管快樂如此快樂，

但悲傷一定也如此悲傷呀！」

「親愛的，水加熱一定會沸騰，我們是在熱鍋中享受嗶嗶啵啵的快感。」

「我懂妳的意思，一盆止水是如此平靜安祥，只有風能吹動它的心跳，但那些具有勇氣的水，不斷不斷地勇於加熱、沸騰、緩和、降溫，終至平靜。這過程止水永遠不會明瞭。但……為何我已預見悲傷？」

「那是妳的信仰。」

「我給不了自己理由。」

「也許，只是時候未到。」

「也許，是我不夠聰明。」

塞納河

　　電影〈愛在日落巴黎時〉男女主角搭的就是塞納河遊船，行駛時間大約都是一小時，Batobus可以中途停靠，類似水上巴士。

■Batobus 塞納河河上巴士
一天証：11€（16歲以下5€，持火車証及RATP証優惠價7€）
兩天証：13€（16歲以下6€，持火車証及RATP証優惠價8€）
五天証：16€（16歲以下7€，持火車証及RATP証優惠價10€）
年票：50€（16歲以下30€）
www.batobus.com
■Bateaux Parisiens 巴黎人遊船
船票：成人9€；小孩（12歲以下）4.5€
www.bateauxparisiens.com
■Vedettes de Paris 巴黎之星
票價：成人9€；小孩（4-12歲）4€
http://www.vedettesdeparis.com

聖馬當運河

　　聖馬當運河是巴黎市內除了塞納河以外的另一個水岸景點，河水非常貼近岸邊，沿著步行區慢慢地散步，看一層一層運河的閘門起落是不錯的享受。聖馬當運河和塞納河相接，從巴士底北流經維雷特後，連上烏爾克運河，到萊茵河。在此處船塢也許會見到來自德國或荷蘭的船隻，氣氛和塞納河擠滿觀光客的感覺不同，搭船來一趟運河之旅吧。

■Canauxrama
每天早上、下午各開兩班，全程約2.5小時。
船費13；6-12歲8€
www.canauxrama.com
■Paris Canal
與塞納河聯遊，早上在奧塞博物館出發至Parc de la Villett，下午回程，每天共開兩班，全程約3小時。
船費16€；4-11歲9€
www.pariscanal.com

Notre Dame -
Shakespeare & CO.

左岸邊

聖母院屬於中世紀歌德式建築,歌德是南方稱北方人的用語,有野蠻人的意思。在建築上是指尖拱式、大型彩繪玻璃的樣式。如果去聖母院記得去踩一下門下的鐵板,法國人相信這個動作表示「I'll return」。位在塞納河畔的莎士比亞書店有著濃厚的書香氣息,可以想見電影〈愛在日落巴黎時〉主角在此辦發表會的氣氛。

■正在午睡的黑貓一個翻身，推倒了排列好的西洋棋。

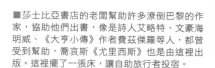

■莎士比亞書店的老闆幫助許多潦倒巴黎的作家，協助他們出書，像是詩人艾略特、文豪海明威、《大亨小傳》作者費茲傑羅等人，都曾受到幫助，喬哀斯《尤里西斯》也是由這裡出版。這裡擺了一張床，讓自助旅行者投宿。

■莎士比亞書店
地址：37, rue de la Bucherie 75005 Paris
地鐵：4號線Saint-Michel

Les Tuileries

消失的摩天輪

　　那座白色巨型摩天輪在杜樂麗花園的時間，代表了夏天的開始和結束。每個夏天來的旅者都有這份記憶，而秋天來的過客則與它擦身而過。

　　「我們去坐那個好不好？」她是喜歡遊樂園的那種女孩。我露出猶豫的表情，我一直對這個很不行，只有這個噢，儘管如此我和她還是走到了摩天輪底下，抬頭看著那快速而巨大的轉動。

　　「門票要六歐元噢。」

　　「那個沒問題。」但是不行，我說。我還是很害怕，抓著女孩的手。

　　「這樣啊，真傷腦筋。」女孩微笑著看我。「算了。沒關係，我們回家吧。」

　　隔天早上在煎蛋的香味中醒來，我以還不清醒的嗓音對在廚房煮早餐的她說：「嘿，我想要試試看。」

　　「咦？試什麼？」

　　「就是……摩天輪那件事。」

　　「噢，真的啊？怎麼會突然想要試呢？」

　　「總是要做一個fight。」

　　「做一個fight噢？」

　　「對，想要變得更勇敢一點。」

　　「很好噢，那我們下午去吧。先來吃吐司。」

　　但是當我們再回到杜樂麗花園時，摩天輪已經消失了，曾經是那麼巨大的存在，卻一瞬間消失無蹤，在我們不知道時，被誰偷偷運到哪裡去了，那一天彷彿也宣告秋天來了，花園裡的樹木轉紅，消失的摩天輪連帶把夏天和勇氣都運走了。

■Jardin des Tuileries杜樂麗花園
杜樂麗花園是由園藝家Le Notre所設計的法式花園，連接著羅浮宮和協和廣場，原是建造以獻給凱瑟琳·梅迪奇（Catherine de Médicis)皇后。園內有噴水池，小朋友喜歡在水池邊放上小船，草坪上許多人躺著曬太陽或坐在椅子上看報紙。花園旁邊即是Rue de Rivoli，是條紀念品大街，有著各式各樣的巴黎紀念品，不過大部分都是艾菲爾鐵塔為造型的鑰匙圈、或是印有I Love Paris的T-shirt，雖然很多家商店聚集，但是價錢沒有塞納河邊便宜。對於送禮眼光挑剔的人來說，還不如在瑪黑區、蒙馬特慢慢逛，會找到更適合朋友的禮物。文中提到的遊樂園為夏日移動遊樂園，只在每年的夏天出現。

■杜樂麗花園
地鐵：Tuileries
相關景點：羅浮宮、協和廣場、香榭大道、凱旋門、凡多姆廣場

■從羅浮宮進入杜樂麗花園，會先看見一個小凱旋門，叫做騎兵凱旋門，是1805年為紀念拿破崙戰勝而建。穿過花園長長的沙地，可以看見許多人在樹蔭下乘涼。

■同樣在羅浮宮廣場內，卻非屬羅浮宮管理的流行暨織品博物館，有服裝博物館、裝飾博物館和廣告博物館三棟展覽館，相當值得參觀。

■羅浮宮(Musée du Luvre）
交通：1、7號線Palais-Royal Musée
du Louvre
開放時間：9：00　18：00（週三及
週五延長至21：45）週二及部分例
假日休館

■協和廣場Place de la Concorde
協和廣場有著流血的歷史，1789年
法國大革命時，路易十六和瑪麗安
東尼皇后的斷頭台就是在此處。廣
場上矗立的方尖碑是埃及人贈與法
國人的，埃及人相信它是太陽的象
徵，紀念法國考古學家發現了埃及
文字。

凡多姆廣場傳來蕭邦鋼琴聲

　　「妳知道蕭邦在哪裡去世嗎？」

　　「法國？」我猜。畢竟法國人一向引以為傲，在
這裡成名、或在這裡死去的名人，法國人都願意接
受他們是法國人。

　　「oui！就在這個廣場，那邊。」他指著凡多姆廣
場的某一排建築。「是他生前住的地方。」

　　「我喜歡把車停在這裡，感覺跟蕭邦是鄰居。」

　　從那個晚上開始，路經凡多姆的廣場就聽見夜曲
的鋼琴聲，流轉在十八世紀的建築間，圍繞在廣場
中央青銅柱頂的拿破崙雕像上。

■凡多姆廣場Place de Vendôme
路易十四為了與乎日廣場對比而建立凡多姆
廣場，因達文西密碼而聲名大噪的麗池飯店
就位在這裡，希佛里路和杜樂麗花園就在附
近，原是銀行業使用的地方，現以精品珠寶
店居多，有巴黎寶箱之稱。立在此處的雕
像是1805年在Austerlitz奪下的1200支大炮的
銅所鑄成。

■凡多姆廣場
地址：Place de Vendome 75001
地鐵：1號線Tuileries

Arc de Triumphe - La Défense

巴黎軸線上的新建築

　　從杜樂利花園、香榭大道、凱旋門直到新凱旋門，這條穿越巴黎市中心、全無建築物遮蔽的東西天際線，是法國人的驕傲，凱旋門。

凱旋門

　　凱旋門位於香榭麗舍大道最前端的星辰廣場，法文裡的星星叫做étoile，因為凱旋門是放射狀十二條大道的中心點，看起來像是個「＊」字形。但它卻不是法國原產品，是仿希臘式建築為拿破崙所建，底下有不滅的和平之火（紀念第一次世界大戰）和無名將軍墓。如果在每年10月12日拿破崙生日當天，一定要去欣賞「破崙誕辰景觀」：太陽會不偏不倚從凱旋門正中下墜。

地鐵：1/2/6號線Charles de Gaulle Étoile

新凱旋門

　　新凱旋門位於巴黎第三區拉德芳斯（La Défense），中空的大拱門，中間拉著一塊「雲」，展示了巴黎軸線的未來感，附近盡是商業大樓，新穎的觀感和巴黎市中心截然不同。拉德芳斯前的Rue Charles de Gaulle大道可直通至凱旋門，再接上香榭麗舍大道，穿過了協和廣場可直達羅浮宮，形式一條軸線，腳力好的人可以從拉德芳往凱旋門方向走去，路上有著許多有趣新奇的裝置藝術。

地鐵：1號線La defense

Cimetière du Montparnasse

在波特萊爾墓前獻花

　　巴黎市內有三座墓園，南方的蒙帕拿斯墓園、東邊的拉榭思神父墓園、北邊的蒙馬特墓園。蒙帕拿斯墓園是最小的，但是卻有許多文藝界的名人長眠於此，如波特萊爾(Charles Baudelaire)、莫泊桑(Guy de Maupassant)和合葬的沙特(Jean-Paul Sartre)、西蒙波娃(Simon de Beauvoir)。

■ Cimetière du Montparnasse蒙帕拿斯墓園
地址：3 Boulevard Edgar Quinet 75014 Paris
地鐵：4/6號線Raspail
■ Cimetière du Montparnasse蒙馬特墓園
地址：20 Avenue Rachel 75018 Paris
地鐵：2/13號線Place de Clichy
■ Cimetière du Père Lachaise拉榭思神父墓園
地址：16 Rue du Repos 75020 Paris
地鐵：3號線Père Lachaise

■波特萊爾（1821-1867）
出生巴黎的法國詩人、翻譯、和藝評論家與翻譯者。重要的作品有《惡之華》、《巴黎的憂鬱》。

蒙帕拿斯大樓(Tour Montparnasse)
高達200公尺的蒙帕拿斯大樓，是巴
黎新地標，不過它不受挑剔的法國
人喜愛，認為最好的欣賞方法就是
登上它的頂樓觀景台去，因為在那裡
你看不見蒙帕拿斯大樓。登上觀景台
的方式為搭乘歐洲最快速的電梯，38
秒鐘內直達56樓，天氣好的話可以遠
眺40公里以外的景色。開放時間為
09:00~22:00。

JACQUES AUPICK,
GÉNÉRAL DE DIVISION, SÉNATEUR,
ANCIEN AMBASSADEUR
À CONSTANTINOPLE ET À MADRID,
MEMBRE DU CONSEIL GÉNÉRAL
DU DÉPᵗ DU NORD GRAND OFFICIER
DE L'ORDRE IMPÉRIAL DE LA LÉGION
D'HONNEUR DÉCORÉ DE PLUSIEURS
ORDRES ÉTRANGERS,
DÉCÉDÉ LE 27 AVRIL 1857,
À L'ÂGE DE 68 ANS.
CHARLES BAUDELAIRE,
SON BEAU FILS, DÉCÉDÉ À PARIS
À L'ÂGE DE 46 ANS, LE 31 AOÛT 1867
CAROLINE ARCHENBAUT DEFAYES,
VEUVE EN PREMIÈRES NOCES DE
Mᴿ JOSEPH FRANÇOIS BAUDELAIRE
EN SECONDES NOCES
DE Mᴿ LE GÉNÉRAL AUPICK
ET MÈRE DE CHARLES BAUDELAIRE,
DÉCÉDÉE À HONFLEUR (CALVADOS)
10 AOÛT 1871 À L'ÂGE DE 77 ANS.

PRIEZ POUR EUX

CONCESSION À

Auteuil

奧特意建築群像

　　Hector Guimard這位法國人生於1867年3月10日,1867年俄國把阿拉斯加賣給美國,居禮夫人在波蘭出生。雙魚座的吉瑪先生,曾經先後在名校Art Décoratif與Beaux Art高等學院就學。1894年吉瑪為Fournier夫人設計了Castel Beranger,有著新藝術風格的誇張大門。大部分吉瑪所設計的建築都留在十六區,牆上可以看見Hector Guimard的刻字,字體一樣也跟它的建築一般飛舞。十六區是巴黎高級住宅區,我們走在安靜的街道上欣賞著這些十九世紀的建築,有著不可思議的寧靜。

■由奧特意教堂開始建築巡禮，噴泉街（Rue de la Fontaine）之60號是吉瑪先生新藝術風格之作，而Henri Heine18號之二是新古典式建築。

Montmartre

比如説住蒙馬特

　　我們坐在蒙馬特的路邊，吃著簡便的午餐。

　　「這麼説，如果我們今天不是住在磊阿勒，對巴黎的感覺也會起變化嗎？」

　　「對，比如説住蒙馬特的話也許妳不會這麼喜歡巴黎。」

　　「因為我是貴族嘛，非常布爾喬亞式的貴族，所以一區的氣氛深深打中我。」

　　「是啊，我覺得自己已經很『貴族』了，沒想到妳比我更貴族。」

　　對我而言，蒙馬特等於邱妙津。我愛蒙馬特卻又害怕蒙馬特，愛她的才華卻也怕她沉重的哀傷，每看一次《蒙馬特遺書》裡濃烈的愛情，我好幾天都無法回神過來。在這座疏離而單身人口爆炸的城市裡，特別容易感到寂寞，然而在深夜裡我們能擁抱的僅是我們自己，「身體是透明的魂，遊蕩在巴黎的街。」人真的可能獨立嗎？感情有可能不暫有所居嗎？或説只是一陣子一陣子罷了，將感情旋在螺紋裡釀，等下一個夏天搬家。

蒙馬特

　　蒙馬特在巴黎北方，十九世紀末藝術家與詩人、
作家群居此地的關係，使得小山丘與起伏的巷弄間
特有藝文氣息，聲色場所帶給蒙馬特地區不安和墮
落的氣氛，有些人對這裡避而遠之，有些人則特別
迷戀彎彎曲曲的窄路。阿貝斯廣場還保有吉瑪所設
計的新藝術風格地鐵站，帖特廣場替你作畫的畫家
和遊客永遠擁擠，多少受電影〈愛蜜莉的異想世
界〉的影響，蒙馬特就是充滿了些許浪漫、神秘而
美麗的氣氛。

地鐵：12號線Abbesses

相關景點：
■帖特廣場（Place du Tertre）
■聖心堂（Sacré Cœur）
■雙磨坊咖啡館（Café des Deux Moulins）
■紅磨坊（Moulin Rouge）
■達利蒙馬特空間（Espace Dali à Montmartre）

人終究是
巴黎最美
的風景。

星期天是我們在巴黎最苦惱的日子！為什麼呢？因為幾乎所有的商店都關門，連超市也不例外。因此不適合逛街的星期天，我們總是安排到戶外的公園搭配博物館，度過安靜的一天。然而還是對法國人到底星期天都做什麼感到很好奇，有次有機會問法國朋友，他回答：「Faire l'amour！」就是make love的意思，哈哈，雖然他後來又說也會去海邊、公園等等，不過我想脫口而出的回答總是最接近真實，果然法國人天性浪漫多情。

　　巴黎市有許多綠地，東西兩邊為布隆森林和凡仙森林擁抱，像是兩塊綠肺；市中心有盧森堡花園、杜樂麗花園、蒙梭公園；秀蒙丘公園和蒙蘇喜公園南北分立；東南邊的貝西公園是都市的小童話；近郊凡爾賽宮的花園，是假日散心好去處；而位於水岸邊現代的雪鐵龍公園是最新的景點，具有未來感；其他如奧特意溫室、詩人公園、羅丹公園也是值得一去的綠色空間。

chapitre 4

Où allons-nous le dimanche?
星期天去哪裡？

■巴嘉帖爾是典型的法式的
花園,講究秩序和對稱,修
剪的整齊的圓錐形、長方
形、圓形的樹叢,伴隨各式
各樣的玫瑰花,白玫瑰、黃
玫瑰、紅玫瑰。五月到九月
中是綻放的季節,多達九千
株玫瑰花齊放。

Parc de Montsouris

蒙蘇喜公園

　　我們很自然地選擇一個舒服的位置，在蒙蘇喜公園那片綠草坪上躺下來，曬著那不可多得的陽光，偶爾覺得熱了就把帽沿拉低一點。雲朵逐漸地由西北方飄走，我們的巴黎時光也在這平靜的分秒中流逝，然而沒有一個人覺得可惜，因為悠閒是一種稀鬆平常的生活態度，在這裡，人們可以放下所謂的日常，暫時成為一張白紙或是一個空格。

　　那片綠至今仍以高飽和度的顏色鮮明地存在我的記憶之中，像是水彩條直接壓擠而出，不沾水就塗抹在畫布上。我的手彷彿還感覺到，那沾著些許水氣而濕潤的草，在陽光下展示他們的柔軟，呼吸的時候伴隨著植物的甜甜香味。我的耳邊也還聽見鴿群拍舞著翅膀的聲音，天鵝在水池裡緩慢滑行，草坪上有人餵著鴿子，吸引了烏鴉和鵝一起奔跑爭食。這樣的安靜是巴黎的下午，南方的蒙蘇喜。

　　「然後主角們該登場了。」腦中一段小說的情節浮現，我想該去街上找一條好吃的baguette，再回到這裡來繼續句號後面的句子。

■她在VANVES跳蚤市場看上了一只皮箱，表皮摸起來有些粗糙，可以感到皮的紋路跟指間摩擦。還附上一把小鑰匙可以上鎖。彷彿是美好時代的女探員。「要不要買呢？該不該買呢？」她一邊猶豫一邊為自己的龜毛道歉，於是我對老闆主攻皮箱唯一的缺點：「這個皮箱很老舊了，提把快要斷掉了耶。老闆。」距離收市的時間快到了，正在收攤的老闆頗不以為然：「妳可以去巴黎的皮革店換一只新提把，表面用油擦一擦就像新的了。我們法國人喜歡舊的東西。五十歐絕對值得這個價錢。」「這樣噢，可是五十歐元太貴了，十歐元吧。」老闆直搖頭說不可能，來來回回問了我們從哪裡來？是日本人嗎？來巴黎旅行還是念書？最後終究以二十五歐元成交，我對他說"Vous être trés gentil!!"（您人真好），老闆則搖搖頭笑說"ça pour votre plaisir."（是為了讓您愉快）。

■蒙蘇喜公園
地址：Boulevard Jourdan 75014 Paris
地鐵：R.E.R-B線Cité Université
開放時間：全年開放
相關景點：國際大學城（Cité International Université）

蒙蘇喜公園

　　蒙蘇喜公園是工程師阿爾封(Adolphe Alphand)所設計的英國式庭園，它是十九世紀中葉歐斯曼公爵改建巴黎時期的產物，這座位在南方的公園，草坪上建造了假山、瀑布和水池、拱橋，極富變化性，和北邊的秀蒙丘公園有著呼應的效果，園內還有氣象觀測站。

國際大學城

　　國際大學城和蒙蘇喜公園僅是一街之隔，是為世界各地留學生準備的宿舍，每個館有各國不同的氛圍是最大的特色，遊走在日本館、希臘館、義大利館、西班牙館、美國館、荷蘭館……就像環遊世界一樣，也可以欣賞各地的建築風貌。

Parc des Buttes-Chaumont

秀蒙丘公園

由採石場和刑場改建的秀蒙丘公園，地理位置處於貝爾維歐Belle-Ville山丘的北方，園中的懸崖、吊橋與草坪和其他公園十分不同，這是法國人會來自殺的公園，聽來有些可怕，但園內確實有著自殺橋（Pont des suicidés），許多人從這座距湖面十五層高的橋跳下去。在奧斯曼男爵大力改建巴黎市以後，以往的殺人刑場改頭換面，詩人稱這裡為「傳說中的天堂」。瞭望台可以遠眺蒙馬特聖心堂。在秀蒙丘公園走累了可以順道逛逛老中華第十九區。

■秀蒙丘公園
地址：Rue Botzaris 75019 Paris
地鐵：7號線-B Buttes-Chaumont
開放時間：夏季7：30AM～11：00PM
　　　　　冬季7：30AM～9：00PM

Jardin du Luxembourg

盧森堡花園

我和她在盧森堡公園旁的Quick速食店吃晚餐。

我們坐在窗邊的高腳椅上看著往來的路人，時間是黃昏，她坐在我的左邊，對街盧森堡公園柵欄內的樹木，已經開始從綠轉黃了，「比我想像中的好吃。」她說，這是她第一次吃速食。餐盤裡有兩份雞肉漢堡套餐，並加點了卡布奇諾和她愛吃的優格。「其實我很難想像和妳來吃速食噢。感覺上妳應該會吃更健康的食物，像是找了三條街好不容易才找到的好麵包，配上濃濃的乳酪之類的。」

「沒辦法，我現在很餓嘛。」

她笑著說。我的高腳椅壞了，重心一直往左轉。

「嘿，Isa，妳說那個女孩走過斑馬線後，要往左還是往右走？」她指了指窗外在等紅燈轉綠的女孩，金髮、身材頎長，揹著斜背包，正抽著菸。

我看著她湛藍色的眼睛，「À gauche」往左，我說。

是左就讓我留下來，讓我回來巴黎，讓我們再一次這樣坐在速食店的窗邊，看天色逐漸暗下來。

■盧森堡花園
地址：Rue de Médicis Rue de Vaugirard 75006 Paris
地鐵：R.E.R-B線Luxembourg、
開放時間：依季節，7：15AM／9：30PM
相關景點：索邦大學（Université de Paris La Sorbonne）、植物園（Jardin des Plantes）、穆浮塔街（Rue Moffetard）、國立高等裝置藝術學院（École National Supérieure des Arts Décoratifs）

盧森堡公園

　　巴黎市內有著四百多座公園點綴這座城市，不僅是繁
忙生活的舒緩，也是市容的美化，盧森堡公園就位在熱
鬧的拉丁區和聖日耳曼德佩區，佔地達二十五公頃，是
巴黎人最愛的公園之一。園內有盧森堡宮以及大大小小
的水池、花園，其中有名的是東面的瑪莉梅迪奇噴泉
Fonatine des Médicis，取名來自從義大利遠嫁亨利四世
的皇后瑪麗梅迪奇（Marie de Médicis），而園中的盧森
堡宮仿造自義大利佛羅倫斯小皇宮的風格，即是為了安
慰皇后離鄉背井的鄉愁，現在是法國參議院所在地。想
著盧森堡公園受到許多作家的喜愛，如雨果、沙特、海
明威和巴爾札克。

103

■索邦大學有悠久的歷史，創立於
1253年，本是為十六個學生授課神
學的地方，現在已經成為重要的巴
黎大學。中庭的圓頂禮拜堂是索邦
大學的特色。

■1,2,3〈愛在日落巴黎時〉男主角
伊森霍克和女主角茱麗蝶兒散步的
場景之一就是植物園，由路易十三
的御醫在十七世紀時建造，並教授
藥學與植物學，現今園內有植物學
研究室、花園、博物館及動物園與
水族館。

Boís de Boulogne

布隆森林

在我的想像裡，布隆森林大約是〈世界末日與冷酷異境〉那片森林，一個小小的入口，把人吸進去廣大的裡面。事實上到布隆森林的那天，天氣有點〈紐約的秋天〉的味道，轉成橘色的落葉鋪滿了整條通往森林的道路，我們從南邊十六區吉瑪（Hector Guimard）所設計的建築開始逛起，從南端進入布隆森林。就像進入了一個與巴黎市中心完全分離的世界，雖然路旁仍有跑車呼嘯而過，但是景色慢慢轉變成一片樹林，我們檢視身上的裝備，既沒有攜帶電話也沒有指北針，也沒有任何可以綁在樹上標示方位的明顯物品，乾糧只有半截棍子麵包，身上的衣服入夜後也不夠暖活，於是我們不敢再往森林深處走入，中途折返。

第二次前往布隆森林，我們選擇了稻葉宏爾先生在《巴黎迷路風情》一書中指示的路線，搭地鐵一號線到Porte de Neuilly，轉43公車到巴嘉帖爾廣場。問過雜貨店老闆確定了森林的方向後，我們開始步行，走過了一片廣大的湖泊，巨大的樹林在湖面上的倒影，像你所熟悉的明信片景色。然而明明地圖上標示我們已經很靠近，卻怎麼也找不到巴嘉帖爾玫瑰園，在經過一個遊樂園的售票亭入口，我們詢問售票員的意見，並照他指示的方向走，在路上意外發現了林內出租腳踏車

的地方，於是決定先租腳踏車再找。

　　大約騎了十五分鐘，終於順著指標和問路，順利找到了巴嘉帖爾玫瑰園，其實就在我們一開始走到的地方不遠處。但是怎麼說在林內騎腳踏車的感覺都很好，頗有自己是歐語文藝片主角的錯覺，因此也不能說盡是白費功夫。我們把腳踏車鎖在園外，買了票入園。

　　總算記得怎麼騎回出租腳踏車的地方，騎車加上逛花園，兩個人花了兩個小時，這樣子是十六歐元。然後我們搭地鐵一號線回家，全身疲累地連晚餐也無法吃先睡一覺再說。

■1戴著紳士帽的老人適切地被放在布隆森林的湖畔。

■2樹林裡不少顆樹被作上了這個記號，猜想會不會是有人告訴伙伴路途的方向？

■布隆森林

布隆森林是巴黎西邊的廣大綠地，面積廣達865公頃，森林內有兩個湖泊、草地、森林、花園、遊樂園和賽馬場，散步是不錯的健身方式，也可以租腳踏車遊林，或在莎士比亞公園看一齣戲劇，度過一個悠閒的法式午後。

■布隆森林

地址：Bois de Boulogne 75016 Paris

地鐵：1號線Porte Maillot/2號線Porte Dauphine/10號線Porte d' Auteuil

開放時間：全年開放

■巴嘉帖爾玫瑰園
Parc de Bagatelle
巴嘉帖爾玫瑰園誕生於一場
貴族之間的賭局，路易十六
的弟弟Comte d'Artois和嫂嫂
Marie Antoinette打賭，在三個
月內建成巴嘉帖爾玫瑰園，
因此贏得十萬法郎。巴嘉帖
爾不只有玫瑰，三四月有櫻
花、桃花，五月有牡丹、鐵
線蓮、鳶尾花；六月則是玫
瑰和睡蓮、百合盛開的季
節。

■巴嘉帖爾玫瑰園
Bois de Boulogne Route de
Sèvres-à-Neuilly et Allée de
Longchamp・Paris

Parc de André-Citroën

安得烈‧雪鐵龍公園

安得烈‧雪鐵龍是位於塞納河邊的現代公園，以水為命題的設計有著未來感，是新的都市空間利用範例。佔地十四公頃，是由雪鐵龍舊車廠改建的綠色空間，它的設計概念是有技巧的、重結構的、移動的和自然的。園區中央是一塊長方形草地，其他花園分為白、藍、黑、金、銀等色。園中特別的是可以搭乘Eutelsat的熱氣球俯瞰巴黎，花十歐元即可得到三百六十度的視野。

■安得烈‧雪鐵龍
地鐵：Quai André-Citroën 75015 Paris
地鐵：10號線Javel
開放時間：週　　　18：00，週末及假日9：00～18：00

Parc de Bercy

貝西公園

「妳們兩個很像。」

看了我們指紋的算命師這麼說。

「要做什麼決定時，我們通常會問別人的意見，有一種人會聽別人的意見來修正自己的決定，但是妳們不是喔，妳們都是那種決定了什麼，不管別人說什麼也不會改的人。」

「這樣聽起來好像很固執！」

「所以妳們才會一起來巴黎。」

坐在貝西公園改建的商店街上，她吃著檸檬冰淇淋，「以前我在義大利吃過一種

在貝西公園旁邊，有一座酒倉改建的流浪技藝博物館，收藏著十九世紀以來遊樂園的設施、旋轉木馬、小丑、人偶。

■流浪技藝博物館

Musée des Arts Forains

53 Avenue des Terroirs de France 75012 Paris

01 43 40 16 22

■貝西公園是都市裡的催眠童話。小菜園裡佇立許多逼真的稻草人。

■1,2,3靠近葡萄園附近是間園藝屋，展示了各種植物和作物，以及簡介園內舉辦的活動，簡易的圖示教你哪些種子在哪些季節可以見到，有著園藝課程讓你在週末有機會接觸大自然。

2

非常好吃的冰淇淋，但是後來不管之後再去哪裡再怎麼吃，都找不到記得的那種味道了。」

　　一個金髮小女孩看著她手中的冰淇淋，吵著要媽媽買給她吃。

　　「想想也許是因為我把它想得太美好了。也許再去原來的地方吃一次，卻不見得有這麼好吃了。」

3

貝西公園

　　沿著巴士底拱型橋的工藝街走，過了里昂車站再走過隧道就到了貝西地區，這裡從十九世紀以來原是巴黎最大的酒倉，如今舊酒倉逐一拆除改建成體育館和辦公大樓，以及廣大的貝西公園。仍然留著的紅磚瓦屋有著濃濃的鄉村風情，園內有著蔬菜花園教導孩子們種菜。隨處可見的葡萄園，和地面上斷續殘留的幾段小車鐵軌，讓人回溯以往載運葡萄酒的回憶。

■貝西公園
地址：41, rue Paul Belmondo 75012 Paris
地鐵：6/14號線Bercy
開放時間：週間8：00開放/週末9：00開放　關閉則依季節
17：30～21：30不等

園藝屋課程

　　週六午後不妨就來貝西公園參加兩小時的園藝課程吧，把手放在好久沒碰觸的溫潤泥土中，跟著稻草人學習分辨園內的每一種植物。

■園藝屋課程
週六，時間兩個小時，需登記預約。
電話：01 53 46 19 30
全票：6€，優待票（7～26歲）：3€

■希臘式的列柱是蒙梭公園不可錯過的美景。

■蒙梭公園入口鍍金的鐵門流露著十九世紀的貴族氣氛。

Parc de Monceau

蒙梭公園

　　蒙梭公園是凱旋門附近的景點之一，雖然它佔地不大，但卻相當迷人。由貴族所遺留下來的公園，設計者夏特(Chartres)公爵將不同的時代產物都囊括在這裡，包含希臘式十六道列柱、埃及金字塔、方尖碑、中國寶塔、荷蘭風車、東京燈籠與假山瀑布，構成了異國風情的組曲，爸媽和小孩喜歡來這裡度過星期日的午後，新婚夫婦也會選擇在這裡照婚紗照，畫家莫內也曾畫了三幅蒙梭公園的美景。在香榭大道逛累了不妨來這裡散散步歇息。

■蒙梭公園
地址：boulevard de Courcelles 75008 Paris
地鐵：2號線Monceau
開放時間：夏季7：00AM～10：00PM　冬季7：00AM～8：00PM

Château de Versailles

凡爾賽宮

　　凡爾賽宮我們去了兩次，倒不是多麼喜歡這個由路易十四改建的城堡，而是第一次路上我們在R.E.R迷失！我們來來回回換搭好幾次，卻始終找不到往C5方向的車，而且既然搭錯我們想說就搭出巴黎看看會到哪裡，結果被查票員發現了，因為出了巴黎是不能使用carnet地鐵票的，我只好解釋說我們要去凡爾賽宮但是搭錯車……最後我們在叫做Les Grésillons的鬼地方下車。

　　R.E.R全名是Réseau Express Regional，即是巴黎區域快線的網絡。在巴黎市區總共有14條地鐵線和5條R.E.R，分為ABCDE線，往凡爾賽宮需要搭乘C5線。

　　R.E.R的遊戲規則有點類似日本電車的時刻表上，會標明特急、急行、快車或慢車，特急的某些站就不會停，因此要注意時刻表或是小電視上面列車的名字和方向，往凡爾賽宮的列車叫做vick，在最後一站Versailles Rive-Gauche下車步行即可到達。

■凡爾賽宮曾經是法國王朝的政治中心，象徵了極盛一時的君主集權制度。走在凡爾賽宮前的沙地，可以想像在上幾個世紀馬車咚咚地踏在石版路上，也許裡面正坐著衣著華麗的公主。廣場中央有一座路易十四的雕像，而整座凡爾賽宮分成三部分 —— 皇宮主樓、花園、和大、小提亞儂宮。花園內有馬車和觀光小火車可以搭乘，或是駕駛小型車省卻步行的時間輕鬆地逛完整個花園，也可以在運河上租船泛舟(每小時8.3€，四人座)和腳踏車輕鬆遊園。

■凡爾賽宮
地鐵：R.E.R-C5線 Versailles Rive-Gauche
時間：週二至週日，9：00～17：30，三月至十月延長至18：30
網址：www.chateauversailles.fr可上網查閱當日的開放時間和表演

■凡爾賽宮的玫瑰燈，
充滿了皇室的豪華。

■凡仙城堡是座中古世紀的城堡，曾作為監獄使用，例如電影《鵝毛筆》的主角法國作家薩德。在英法百年戰爭的時期，查理五世就住在這裡。

■凡仙城堡旁的花之公園在三月時會有花展舉行，公車站附近也有腳踏車出租。

Bois de Vincennes

凡仙森林

　　與布隆森林相互應的，是東南邊的凡仙森林，面積達995公頃，林內有四座湖泊、瀑布、賽馬場、動物園、運動場、花藝學校。當然不可錯過是中世紀就存在的凡仙城堡。

■凡仙森林
地址：LE BOIS DE VINCENNES 75012 Paris
地鐵：8號線Porte Dorée
時間：全年開放

說起旅行的方式，有人喜歡流浪，訂了機票就直接出發；我們則喜歡先去瞭解旅遊書上的風景，到了當地再波西米亞式的遊晃，感覺那座城市的兩種風情都收進了腦海。

chapitre 5

D'autre

附錄

Les informations

巴黎旅遊資訊

地理概要
法國首都巴黎是世界上最繁華的城市之一。塞納河蜿蜒穿過巴黎市，形成兩座河心島（西堤島和聖路易島）。巴黎地理面積105平方公里，它位於法國北部、巴黎盆地的中部。最高海拔129米，人口約6200萬人。

氣候
巴黎一月的平均氣溫為2.8度，七月的平均氣溫為18.9度，全年降雨量平均。查詢法國天氣：http://www.meteo.fr

護照
辦理地點：外交部 台北市濟南路一段2-2號3～5樓
所需文件：身份證正本、兩吋彩色大頭照兩張（六個月以內）、舊護照正本（新辦不用）、男性需退伍令正本。

簽證
法國適用申跟簽證，持申跟簽證可進入所有簽署申跟公約的國家。
辦理地點：法國在台協會 台北市敦化北路205號10樓
電話：02-3518-5177
傳真：02-3518-5190
時間：週一 週五9：00 12：00
網站：http://www.fi-taipei.org/

所需文件
所需文件：六個月以上效期的護照正本、身份證影本、兩吋彩色近照兩張、十萬元以上當月英文存款證明正本或旅行支票影本、機票影本或訂位證明、確認之旅館訂房證明或親友開立住宿證明、本人親自簽名申請表格。

貨幣
由2002年1月1日起，歐元（euro）取代法郎正式成為法國貨幣，紙幣面額有500、200、100、50、20、10及5歐元，硬幣則有2、1歐元和50、20、10、5、2及1生丁（centimes）。1歐元約等於6.55957法郎。

機場交通
巴黎市近郊有兩個機場，一個是Charles de Gaulle戴高樂機場，另一個是Orly奧里機場。由機場到市區可以利用以下交通工具：
（1）公車：350線（戴高樂機場—東站）、351線（戴高樂機場—Nation地鐵站）
（2）地鐵快線R.E.R.-B線
（3）機場巴士：法航機場巴士、華西機場巴士
（4）計程車

市區交通
■CARTE Navigo(悠遊卡)：舊制的橘卡已於2008年正式取

■1.購買橘卡會得到兩個東西，一個是查驗用的卡，購買後最好立刻貼上一吋大頭貼照片，簽上名字和住址；使用橘卡搭乘公車時不用刷卡，只需要出示這張橘卡證明給司機看；2.另一張是刷地鐵出入口用的票，就像平常買的billet大小。3.一次購買十張carnet聯票就是這種，比較方便。4.法國插座和台灣不同，所以如果有需要用到電器，需要帶這種兩孔圓形的轉接頭。5.暗袋是媽媽的愛心，平常如果有需要帶重要物品如護照出門，或是數目比較大的幣值我們就會塞在暗袋裡，也許因為這樣我們都沒有遇到物品失竊的倒楣事。

消，改為感應式的悠遊卡，可在車站及香煙雜貨店購得，工本費為5歐元。加值可分為一星期或一個月效期，期限內可無限次搭乘區域內的公車和地鐵、郊區快鐵，通常購買1～2圈就足夠。

■CARNET(聯票)：十張一組，可用於巴黎市區的公車、地鐵、R.E.R.。如果到例如凡爾賽宮超過兩圈範圍外的就要另外買票比較划算。

時差

法國有夏令時間和冬令時間的分別，夏令時間為三月最後一個星期天到十月最後一個星期天，時差為台北時間往後減六小時，其他實行冬令時間時則減七小時。

電壓

220伏特，需準備兩孔圓形的轉接插頭。

國定假日

新年1月1日、復活節3月底、勞工節5月1日、二戰勝利紀念日5月8日、耶穌升天節：復活節週日後40天、聖靈降臨節：復活節後第七個週日、法國國慶7月14日、聖母升天節8月15日、萬聖節11月1日、一次大戰終戰紀念日11月11日、耶誕節12月25日

■Lafayette百貨裡面展示的巴黎鐵塔糖果罐。

Les Équipements

装備...渥

1. GREGORY迷彩背包

在日本名古屋購得，約日幣9000元。

2. PENTAX *ist DS單眼相機搭載16-45mmF4.0DA鏡頭與
50mmF1.8鏡頭與外接閃光燈

重量僅605克是超輕薄數位單眼相機，不過每天揹還是練出
右手肌肉為此煩惱不已。

3. FUJI MINI10拍立得

日本購入二手機僅日幣2100元，此款拍攝相片尺寸為
85x54MM，直式/橫式操作皆可。

4. ANNA SUI錢包

非常喜歡但稍嫌厚了點的復古綠色款式ANNA SUI 錢包，原
價台幣5100。

5. 貝蕾帽

我喜歡收集帽子，但這種形狀的帽子我怎麼找也很難找到
適合的，於是這頂好不容易在原宿買的帽子，日幣三千
多，是我的愛帽之一。

6. 14.5x14.5筆記本

我發現這種尺寸的筆記本我竟然有三本！若不是巧合就是
太迷戀方形。對筆記本的挑選基本原則是內頁要空白不要
有線，但是方格可以。再來封面以素色簡單最好，裝訂方
式的話，小開本可以接受環裝，A4或B5開本就要膠裝，
還得是容易撕下來那種膠裝，我想我是那種規矩很多的白
羊座。這三本筆記本都符合這三個特點，黑白那本是我喜
愛的AGUA設計師的作品，重磅數的紙張和裁切線方便畫
完後就可以撕下來當明信片；桃紅色那本是巴黎日記本，
寫滿了本書50%左右的草稿；綠色那本封面用了重磅數的
紙，質感很好，內頁則有紅色、棕色、綠色、白色紙交替
出現，磅數適中用代針筆畫不會透到背面很適合畫畫。去
博物館時，我往往帶著這本筆記本，畫下在達利、畢卡
索、奧賽、羅浮宮中有所感觸的臨摹。本書中出現的插畫
也畫在這本筆記本裡。

■美術與工藝博物館裡一架大型的模型飛機。有點像是宮崎駿動畫裡會出現的東西。

Les Équipements

装備...苗

1.　包包們

我帶了兩個隨身包包上飛機，恰好他們都是奶油般的白色。一個是飛滿了碎花的後背包，通常如果那天有帶拍立得出門的打算，我就會背上這個背包，因為它比另一個大一些，只是坐地鐵時或到人很多的地方時，都必須十分小心地把它轉到身體前面來抱著走，以防止小偷上下其手。另一個是比較簡便的小斜包，皮革軟軟的摸起來很舒服，繡成格紋的樣子。很適合單純地散步或去超市買東西時使用，放護照的格子也剛剛好唷。

2.　笑得很甜甜圈

在巴黎街頭的小店買了這個可愛的袋子，在打折時買的，且竟然只要四歐元喔！我猜想這應該是為了巴黎的小朋友產製的提包，但我個子很嬌小，背起來也覺得很有那麼一回事。我非常喜歡這個提袋，所以後來也常帶著她東奔西跑，但缺點是提袋沒有分層，所有東西一起丟進去時，常常得撈半天才找到，然而即便如此，我還是愛死她甜甜圈般的笑臉了。

3.　CANON小相機

我得對這台陪伴我四年的Canon Digital 400說聲辛苦了，一天一百多張的照片量應該讓它苦不堪言吧。總是抓在手上，對焦好便按下的，那些消逝的瞬間。

4.　POLAROID拍立得與底片

說到拍立得，且馬上讓我跪下來向慷慨將相機借我的台灣新生代第一型男劉導演明群先生道謝！旅行之前一時之間找不到適合的拍立得相機，明群知道了二話不說就將他的私房寶拿來借我。旅行過程中雖然百般珍惜，但仍有一次大意地將相機摔到了地上，我就因此一直耿耿於懷著。然而真的要非常感激這台充滿善意的相機，它讓我記得了好多怕忘記的畫面和色澤。

5.　毛毛零錢包、綠麂皮包包

每天會帶兩個錢包出門。綠麂皮包包裡大約都會有十歐元的現金，零錢哐哐琅琅地撞。白毛毛錢包裡則是放我和小渥一起使用的公費，每當買博物館門票或去超市買日常用品與食材時就會拿出它來，裡頭也放著買東西的收據，我每天都會替兩個人一起用掉的錢記帳。

6.　粉紅翻布花帽

粉紅帽子是一定要帶著出門的玩意。因為曬太陽會過敏的體質的關係，加上夏天巴黎日照時間非常長，一天要將近晚上十點才天黑，所以這頂帽子幾乎是我走到哪她都隨伺在身。

7. 六〇年代大眼鏡

從台灣帶到巴黎的太陽眼鏡,一戴上就有回
到六〇年代的感覺,活生生將巴黎的街景接
上了廣角褐色濾鏡。即便是回到台灣,我還
是天天戴著騎車上學,有時會有自己正在雷
歐米爾大道上的錯覺。

Les Souvenirs

戰利品...渥

1. 十七世紀的椅子

我對椅子有莫名的感情，總想說要是住巴黎一定要買這樣的椅子放在家裡！（也不管價錢）於是先在凡爾賽宮買了這把豪華的十七世紀小椅子，要價25歐元。

2. 嘉年華面具

這個來自義大利的面具是在瑪黑區妖精店買的，我對面具也有莫名的感情，尤其是這種嘉年華式的華麗面具。

3. 臉孔杯子

這杯子一共有四個，我最喜歡這個臉，感覺用臉當作杯子的邊緣極有創意。

4. 蒙馬特燈泡

挑選顏色真不容易，我選的是20個燈泡一組的，另外買了一組10個燈泡的要送人。20個燈泡難選，10個燈泡更難！從選顏色也可以看出我和小苗個性的差異，我總是喜歡素色一點，她總是喜歡花色一點。

5. 鵝毛筆、墨水

我很迷戀用鵝毛筆來寫信，和用蠟封膠的年代，是電影〈鵝毛筆〉、〈斷頭谷〉那樣的氣氛。在瑪黑區一家專門賣這類文具用品的店買下了這個我最愛顏色的墨水和白色鵝毛筆，書寫在塞納河畔買的舊明信片，整個是上個世紀的事。

6. 俄羅斯娃娃4個

Charles先生看到擺在桌上的四個俄羅斯娃娃說，為什麼妳來法國卻買了不是法國的東西！他說這種娃娃的俄文叫做Matryoshka。最早出現多以綁著頭巾的農婦圖形最多，後來藝術家們創新，以童話故事或作家為主題創作。Matryoshka通常由白樺木以手繪製成，約五到十五個為一組，只要許個願望，等到實現願望才打開，娃娃為了想跑出去玩，就會幫你快點實現願望。話雖是這麼說著有著四個願望可以許的我還沒有許願過。

7. CD們

說到貓王我們兩個很糗。朋友介紹給我們Elvis的歌時，我只覺得這個人長得好醜，髮型也很遜，歌聲是還不錯啦，我還拿著CD跟苗說，這傢伙會不會中文翻譯過來很有名

啊，像是貓王之類！真是巴黎最大笑話。自從去磊阿勒二手CD店買回貓王專輯後，從此愛上了這個性感的男人。

8. Mon Pay, C'est Paris & territöry

因為不想提很重的行李，而且老認為我會回來巴黎，因此平常愛買書的我這次只謹慎選購這兩本！都是設計風格新穎的圖文書。在Rue Rivoli上的書店和羅浮宮流行織品博物館商店購得。

9. ESCADA ROCKIN'RIO搖滾森巴香水

這瓶香水的瓶身並不特別吸引我，但味道一聞就愛，是ESCADA在2005年推出的限量香水，屬於「盡情搖滾的果香調」。

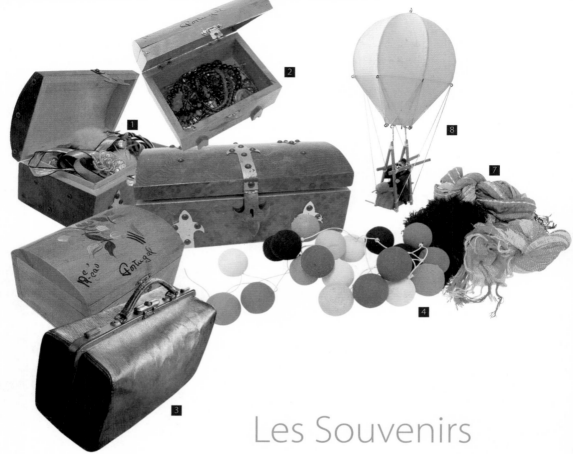

Les Souvenirs

戰利品...苗

木盒裡的靈魂

　　對老舊的盒子或箱子似乎有特別的感情，因而不知不覺買下了三個大小不一的盒子，打開蓋子時，總以為會有神秘的靈魂從盒身與盒蓋間的交接處跑出來。

1. 龐克木紋盒

在亞力格跳蚤市場買下它，盒身嵌著薄薄的鐵片和釘孔十分龐克！在巴黎時我把它放在立燈旁，裝進每天照的拍立得照片。現在則是成為從小到大蒐集的女孩小玩具的家了。

2. For Tugal

還有一個小一點的木盒，蓋上蔓生的鮮豔花紋加上註給「Tugal」的字樣，頗有隨性詩人的味道。和Puces de St-Ouen裡一個皮膚黝黑的商人買下它，這個盒子大約手掌大，氣質比較鄰家，我拿來放朋友們送我的手環。

3. 裝滿畫筆的皮箱

老皮箱是旅行中讓我猶豫最久才買下的東西，我在南方的Puces de Vanves遇到它，但老闆堅硬的開價(40歐元，且不讓我殺價。)使我難以掏出錢包，加上箱子的提帶看起來有些損傷似乎隨時會斷裂。但對物質的一見鍾情有時候比對戀人的傾心更使人神昏顛倒。我和小渥都覺得提著它在校園裡走就整個很有唸設計所的感覺(笑)。就這樣在鏡子前龜毛良久，最後老闆實在受不了想要收攤了，只好以25歐元賣給了我。(只是後來皮箱的提帶果然在去荷蘭的火車上斷掉了，回台灣後都還沒有時間把它拿去修理，所以帶它上學的願望至今仍未實現。)

6

5

4. 點亮蒙馬特的燈泡

是一家最初因為迷路而發現，最後卻因為發現而迷失的迷人小店。老闆娘蓄著好看的褐色短髮，親切地說著選擇蒙馬特開店的故事。燈泡可以自由選色，掛在牆上或任意沿著櫃子垂吊都非常有感覺。我和小渥兩個對顏色吹毛求疵的傢伙意外地(但心甘情願！)耗了很多時間在這家店裡。是我最愛的紀念禮物之一。

5. 書是1/4個我

回台灣前收行李，赫然發現自己帶去的書加上後來買的書竟然重達十公斤！幾乎是四分之一個我！antonie+manuel和genevieve gauckle的小本作品集、j'en rêve展覽的裝置合集、MON PAYS C'EST PARIS、Ryan McGinness親筆簽名的multiverse、les annees pop與最重的超大本SAMPLE 100 FASHION DESIGNERS。這些書都從不同地方挖寶而來：龐畢度當代美術館、Saint-German地鐵站旁邊有名書店La Hune、設計師大寶庫Colette與展覽會場等。

6. 蘑菇燈下的透鏡

(1) 在巴黎買的第一個東西是一盞小夜燈，長的很像童話中的蘑菇屋，圓形的格窗會在黑暗中透出橘紅色的光。和瑪黑區一位友善的女孩買下她，還因此照了女孩和店家的照片。

(2) 另一株小蘑菇是一個透鏡，擺在玩具店裡的原本用意是讓小孩旋轉著當萬花筒玩，但我把它拿來放在相機前用，像一個手動鏡頭，具有分割世界的作用和效果。

7. 鎖骨之上

(1) 織料的色彩練習

我們把巴黎的夏天想得太簡單，忘了凡事總有例外。2005年巴黎的秋天似乎來得特別早，才八月中旬我們就得翻出長袖與厚外套來了，為了使脖子溫暖一些，兩個人便展開搜尋圍巾之旅。我在巴士底市場以非常便宜的價錢（兩歐元）買到一條橘子醬色的圍巾，後來又陸續找到使人心動的草原系與華麗黑織料圍巾。過渡時期的熱度，一直延伸到我回台灣都仍然存在。

(2) 巴士底項鍊

巴士底市場有一個小攤子使我和小渥失去理智。在市場入口的白帆布前，聚集著許多挑選飾品的人，款式普通而言邊邊滿特別，重複性也不高，重點是十分便宜，一條項鍊大約二 五歐元。我差點想把整個攤子都買下來帶回台灣擺地攤！

8. 熱氣球上的老發明家

熱氣球上的老發明家穿戴整齊，但起飛器的輪子掉了一顆。對我來說最嚴重的事情是它的氣球無法折疊，我無法把這顆熱氣球裝進行李箱裡。因此一路上我就抱著五公斤的書，又拉著這個氣球搭飛機和轉機。老發明家適應台灣良好，但起飛器的輪子從只掉了一顆到下飛機後只剩下一顆了，使人有點惆悵呢。(攤手)

Des Photos

巴黎隨拍隨寫

Dans la rue2

巴黎的街頭總是有著許多
的鴿子，樂觀的想只要一
招手丟些麵包屑，永遠都
不會寂寞。

GNSAO

240

Dans la rue

路上可愛的小女孩，看見我在拍照，
橘衣服妹妹還「倒車」入鏡！

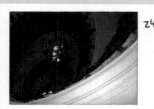

Jardin Tuileries

nous croyons dans
le design **cappellini**
we believe in design
cappellini crediamo
nel design**cappellini**

You & I

You & I, just have a dream
To find our love a place,
where we can hide away.

La Seine

塞納河橋下擺放著一
組樂器，獨自彈奏被
遺忘的節奏。

Paris Poker

這一系列的拍立得想拍
「巴黎撲克牌」，建築
是1～10，JQK是人物。

131

ENSAD

這是我想念的學校！！
位在拉丁區，不知道可
不可以考上，總之先照
相再說。（吉瑪先生也
曾在這裡念過。）

Le parapluie animal
在歌劇院大道上看見的
可愛動物頭雨傘。

Notre Dame

Bois de Boulogne

Poupée de Boulogne
布隆森林裡在玩耍的娃娃。

finalement
最後一天，巴黎的光
影在她的腳下略過。

marais

métro

rue Sauval

Rue Sauval
故事是從這裡開始的。

Jardin du Luxembourg

花紋潋艷如女孩

le poème

在一片有著文字的牆下，詩集一
本3歐元出售。

Bercy

Merry-go-round

巴黎真是個旋轉木馬
的城市！

國家圖書館出版品預行編目 (CIP) 資料

換個角度看巴黎 / 姚筱涵著. -- 第一版. -- 臺北市：樂果文化.
2011.06
面；　公分. -- (樂繽紛；2)

ISBN 978-986-87092-3-2 (平裝)

1.遊記　2.旅遊文學　3.法國巴黎

742.719　　　　　　　　　　　　　　　　　100006798

樂繽紛002
換個角度看巴黎

作　　者／姚筱涵
行銷企劃／張蘭詠
封面設計／隨走自由平面設計
內頁設計／姚筱涵
攝　　影／王怡婷・姚筱涵
部分照片提供／Cothilia・Vivianne・刑正康

出 版 者／樂果文化事業有限公司
社　　址／台北市114內湖區文德路210巷30弄25號
讀者服務專線／(02)2545-3977
傳　　真／(02)2545-7773
劃撥帳號／50118837　樂果文化事業有限公司

印 刷 廠／前進彩藝有限公司
總 經 銷／紅螞蟻圖書有限公司
地　　址／台北市114內湖區舊宗路二段121巷28・32號4樓
電　　話／(02)2795-3656
傳　　真／(02)2795-4100

出版日期／2011年6月第一版
定　　價／250元
Ｉ Ｓ Ｂ Ｎ／978-986-87092-3-2